51

Maneras Y Lugares
Para Patrocinar
Nuevos Distribuidores

*Descubre Prospectos Calificados Para
Tu Negocio De Redes De Mercadeo*

KEITH Y TOM "BIG AL" SCHREITER

Para información, contacte:

Fortune Network Publishing
PO Box 890084
Houston, TX 77289 Estados Unidos

Teléfono: +1 (281) 280-9800

ISBN: 1-892366-65-7

ISBN-13: 978-1-892366-65-8

TALLERES DE BIG AL

Viajo por el mundo más de 240 días al año impartiendo talleres sobre cómo prospectar, patrocinar y cerrar.

Envíame un correo electrónico si quisieras un taller "en vivo" en tu área.

http://www.BigAlSeminars.com

Otros libros geniales de Big Al están disponibles en:

http://BigAlBooks.com

TABLA DE CONTENIDOS

PREFACIO

¿Dónde encontramos prospectos motivados?

Fácil. Hay prospectos geniales en todas partes. Sólo debemos aprender cómo y dónde localizarlos. ¿La buena noticia? Localizar buenos prospectos es una de las habilidades más fáciles dentro de redes de mercadeo.

Las 51 maneras que conocerás a continuación te darán un comienzo.

¿Usarás todas estas maneras diferentes? Por supuesto que no.

Algunas de estas maneras y lugares serán adecuadas para tu personalidad y zona de confort. Otras maneras tal vez no. Los miembros de tu organización pueden tener preferencias diferentes a las tuyas. Tal vez ellos se sientan más cómodos localizando a sus prospectos usando diferentes técnicas.

Muchas de estas fuentes de prospectos pueden ser usadas de inmediato, algunas otras son más a largo plazo, y unas pocas son campañas grandes.

—Keith Schreiter y Tom "Big Al" Schreiter

#1. Personas ocupadas.

Cualquiera con un trabajo de tiempo completo y un trabajo de medio tiempo califica como un gran prospecto para tu negocio.

¿Por qué?

* Tienen la motivación.

* Buscan mejorar su futuro financiero.

* No quieren tener dos trabajos por el resto de su vida.

* Y, ya están tomando acción al trabajar en dos lugares.

Estos prospectos están en todas partes, y muchos están ansiosos por un cambio.

Si no puedes encontrar a alguien que trabaja tiempo completo más medio tiempo en otra parte, entonces pide referencias. Sólo dile a alguien: –¿A quién conoces que trabaje tiempo completo y medio tiempo?– Muchas personas te podrán enviar directo hacia estos duros trabajadores.

Pero qué tal si responden: –¿Por qué quieres saber?

Aquí está tu respuesta: –Quiero ayudarles a librarse de uno de ellos al menos, para que tengan más tiempo en su vida.

Una vez que encuentres prospectos que trabajen tiempo completo más medio tiempo, a menudo encontrarás que están rodeados de compañeros que están haciendo lo mismo. Ahora tienes varios prospectos nuevos, motivados por una razón para cambiar sus vidas.

#2. Consigue una fila de prospectos en tu stand o demostración.

Asiste a una feria, centro comercial, u otra ubicación donde los empresarios de redes promuevan sus programas y productos. Muchos distribuidores gastan fortunas entregando literatura costosa y muestras a prospectos que nunca la leerán ni usarán. He visto distribuidores tirar de $50 a $100 por hora en obsequios a desconocidos.

¿Quieres una alternativa menos costosa que hará que tus prospectos hagan una fila en tu demostración? ¿No sería bueno tener una audiencia cautiva de prospectos esperando en la fila?

Aquí está cómo.

Contrata un masajista. Ofrece masajes de cinco minutos gratis en cuello y espalda, observa la fila formándose. Tendrás bastante tiempo de charlar con los prospectos mientras esperan en la fila por su turno para el masaje.

¿El costo?

Quizá puedas contratar un masajista por $40 o $50 la hora. O, ¿qué tal un estudiante de masajista por tarifas incluso menores?

Ahora estamos hablando de marketing a bajo costo. Tendrás garantizada una larga fila de prospectos en tu demostración. ¡Puedes estar seguro de que serás la atracción de la feria o el centro comercial!

¿Quieres tomar la ruta más barata?

Compra una máquina de masaje de pies por unos cientos de dólares. Lleva una silla plegable a tu cabina para sentar a las personas. Coloca un anuncio:

¡GRATIS masaje de pies de 5 minutos!

Ahora tienes una audiencia cautiva durante por lo menos cinco minutos. Además, puedes hablar con las personas en la fila.

Consejo para ferias comerciales.

Si has tenido un stand en una feria, ya sabes que las personas coleccionan literatura. Tú podrías ser sólo otro vendedor que ignorarán cuando hagas tu llamada de seguimiento.

Aquí está cómo separarte de la multitud.

Unos pocos días antes de la feria, escribe a mano algunas tarjetas postales de agradecimiento personal por detenerse en tu stand. Lleva estas postales a la feria.

Al final del día, escribe a mano el nombre y dirección de los prospectos que te visitaron. Luego, envía esas postales por correo.

¡Tus prospectos podrían recibir la postal al día siguiente! Las postales escritas a mano se sienten y lucen muy personales. Ahora sabes que tu llamada de seguimiento será mejor recibida.

Aquí hay un consejo para hacerlo aún mejor.

Haz que tu postal tenga una fotografía. El frente de la postal puede ser una foto a todo color sobre algo gracioso, algo que venda tu producto, o algo que te venda a ti, quizá.

Necesitas sobresalir de entre la multitud, y este es un modo de hacerlo.

#3. Redes sociales.

Las redes sociales son... **sociales**. La mayoría de las personas no quieren que los estemos bombardeando con ofertas diarias y características de nuestros productos en nuestra página personal de Facebook, Twitter, etc.

Pero las redes sociales son buenas para construir afinidad. Las personas pueden conocernos y se sienten más cercanos, a diferencia de un prospecto frío.

Las plataformas tales como Facebook, LinkedIn, Twitter, etc., siempre están cambiando los reglamentos, por lo que tus tácticas de mercadeo siempre estarán cambiando.

En lugar de preocuparte sobre los últimos cambios de tus plataformas sociales favoritas, concéntrate en una simple estrategia de "panorama completo."

Una estrategia de **medio tiempo** para redes sociales puede ser tan simple como:

"Hacer tres contactos nuevos por día."

Muy simple. Pero con el tiempo, nuestro mercado caliente se expande. En este ejemplo, con sólo tres nuevos contactos al día, tendríamos más de 1,000 personas nuevas que nos conocen en sólo un año.

14

Eso son más de 5,000 personas que nos conocerán en los próximos cinco años.

Ahora, con 1,000 a 5,000 contactos nuevos, patrocinar es fácil. Para muchos en esta lista, el momento es el adecuado ahora. Tendrán experiencias durante el año que los motivarán para buscar un cambio. Ese cambio puede ser tu oportunidad de negocio.

Y eso es todo lo que se requiere en redes de mercadeo. Patrocinar unos pocos de estos contactos, y mostrarles cómo hacer lo mismo.

De esos 1,000 o incluso 5,000 contactos, muchos de ellos podrían estar buscando un cambio en cualquier día. Sería muy fácil si decimos las palabras correctas. Y por supuesto que podemos aprender las palabras correctas.

¿Pero cómo hacemos para que estas nuevas personas se conecten con nosotros? Claro que podemos proveer tips y contenido, pero hagamos esto un poco más interesante. Aquí está sólo una manera de comenzar.

Crear un acertijo que es retador y viral.

Por ejemplo, si vendieras productos nutricionales podrías crear una prueba como esta:

¿Qué comida te mataría más rápido?

A. Rosquillas.

B. Pastel de chocolate alemán.

C. Pizza.

D. Helado.

Click AQUI para la respuesta.

***

(Es sólo un ejemplo. Inventé este test usando mis cuatro grupos de alimentos favoritos.) Querrás colocar un enlace para la respuesta, y asegurarte de tener algún texto de venta en esa página de aterrizaje.

Este simple test sería viral puesto que muchas personas lo compartirían con sus amigos. Eso significa exposición extra con prospectos calificados que no alcanzarías por tu cuenta.

¿Qué otros tipos de acertijos puedo usar?

¿Quieres prospectos para tu negocio? Prueba con este.

¿Cuál opción describe mejor a tu jefe?

A. Vampiro chupa-sueños.

B. Zoquete egoísta.

C. Exprimidor de vidas.

D. Narcisista sabelotodo.

Vota ahora, y da click AQUI para ver las respuestas de otros.

***

Cuando vayan a la página de aterrizaje para ver cómo han respondido otros, dales la oportunidad de dar un vistazo a tu negocio.

Aún mejor, pide que ingresen a un concurso para describir qué tan terrible es su jefe en 200 palabras o menos. ¿El primer premio? Una entrevista contigo para aprender cómo pueden dejar ese trabajo.

¿O qué tal esto?

¿Cuál es el camino más rápido a la pobreza?

A. Comprar boletos de lotería.

B. Un empleo sin futuro.

C. Adicción al internet.

D. Mirar la inflación devorar tu cuenta de ahorros.

Click AQUI para la respuesta.

***

¿Quieres ir más al límite?

Vamos a crear un test sobre las miserias y la inseguridad del empleo:

¿Cuál es el peor escenario cuando llegas al trabajo?

A. El jefe te dice: –Preséntate a Recursos Humanos.

B. Tu cubículo ha sido reemplazado por archiveros.

C. Tus compañeros desvían la mirada cuando llegas.

D. Hay fila para salir del estacionamiento.

Click AQUI para la respuesta.

***

Bueno, esto se está poniendo divertido. ¿Qué más podemos hacer? Intenta con esto:

¿Cuánto más gana tu jefe por trabajar las mismas horas que tú?

A. 10%

B. 25%

C. 50%

D. 300%

Click AQUI para la respuesta.

***

¿Tu audiencia tiene un sentido del humor retorcido?

Imagina que tu prospecto es alguien insatisfecho con trabajar para un jefe miserable. Quizá te vaya bien con esta encuesta:

¿Qué animal describe mejor a tu jefe?

A. Sanguijuela chupa-sangre.

B. Mono aullador.

C. Perezoso de 3 dedos.

D. Rata de cloaca.

Click AQUI para la respuesta.

***

Recuerda tener una buena página de captura cuando las personas den click para ver la respuesta. ¿Quieres otro ejemplo?

¿Cuál es el porcentaje de impuestos que pagan los ricos?

A. 75%

B. 50%

C. 10%

D. 0%

Click AQUI para la respuesta.

***

¿Necesitas un test simple para productos para cuidado de la piel?

¿Qué producto hará que tu piel se arrugue más?

A. Jabón.

B. Limpiador facial.

C. Bloqueador solar.

D. Aceite mineral.

Click AQUI para la respuesta.

***

¿Qué tal esto para conectar con prospectos que les gusta viajar?

¿Cuál es el destino más popular para los viajeros?

A. Tahití.

B. París.

C. Hawai.

D. Dakota del Norte.

Click AQUI para la respuesta.

***

Así es, las redes sociales son... ¡sociales!

Las redes sociales también son divertidas. Pero al mismo tiempo, puedes construir tu red de contactos calificados e interesados.

Cuando conectas con prospectos, ellos dan un paso adelante y se ofrecen voluntariamente. Es más fácil trabajar con una lista de prospectos de calidad que aman lo que haces, y que también tienen una historia contigo. No serás un desconocido.

Se han escrito muchos libros sobre redes sociales. Oportunidades nuevas para redes sociales se anuncian diariamente. Las estrategias se deben de ajustar y actualizar constantemente ante las reglas cambiantes.

Pero para empezar, mantén el panorama completo en mente. Unos pocos contactos nuevos cada día, se acumulan en el tiempo.

#4. Empleados.

Haz una parada para cargar gasolina en tu auto. ¡Pero no pagues en la bomba!

Dentro del establecimiento hay un empleado. ¿Qué es lo que sabemos sobre este empleado?

1. Le gusta el dinero. Oye, por eso trabaja, ¿no?

2. Es responsable. Alguien le tiene confianza para manejar dinero.

3. Es mal pagado. Nunca he visto un empleado bien pagado.

4. Detesta su trabajo. Es tedioso, especialmente en el turno nocturno.

5. No se siente cómodo siendo tiro al blanco para los criminales mientras cuida el dinero de su jefe.*

Dile algo como esto al empleado (teniendo en mente el principio de desacuerdo):

–Oye, parece que tienes un muy buen trabajo. Trabajas en interiores y no te tienes que preocupar de la lluvia.

El empleado usualmente entrará en **desacuerdo** contigo y ahora tu conversación comienza. Fácil, ¿no es así?

21

Todo lo que tienes que hacer entonces es usar tu frase para Romper el Hielo favorita y dejar que la diversión comience.

Si quieres más prospectos, no llenes todo el tanque en una parada. En vez de eso, detente en varias estaciones y realiza cargas parciales.

* Siempre usa tu mejor juicio sobre los lugares y horas para tus visitas.

#5. Eventos de contactos.

Hace muchos años, Bob y Ana Bassett de Canadá me compartieron su "Test de Cinco Preguntas". Me contaron la historia de su amigo Herbie.

Herbie estaba conversando con una persona en un evento de contactos, y de repente, se dio media vuelta y se fue caminando, a media plática. Cuando le preguntaron sobre su abrupto comportamiento, Herbie contestó:

–¡Pues no pasó el Test de Cinco Preguntas!

¿Cuál es el Test de Cinco Preguntas?

Herbie explicó: –Bueno, cuando conozco a alguien nuevo, trato de aprender tanto como puedo sobre esa persona haciendo preguntas. Le hago cinco preguntas durante nuestra conversación, y si no me pregunta nada, ahí es cuando sé que sólo se interesa por sí mismo. Simplemente me alejo. No tiene sentido seguir hablando con nadie que no pase el Test de Cinco Preguntas.

Prospectar no se trata de ti en lo absoluto.
Se trata de los prospectos.

No empieces hablando sólo de ti y tu compañía. Pronto nadie estará escuchándote. En lugar de eso, aprende tanto como puedas sobre los prospectos.

Encuentra si tienen algún problema que puedas resolver. Construye una relación con ellos. Luego, cuando decidan resolver su problema, pueden decidir resolverlo contigo.

No importa si tus prospectos pasan el Test de Cinco Preguntas. Lo que importa es que **tú** pases el Test de Cinco Preguntas.

Lo que quiere escuchar tu prospecto.

El redactor Bill Jayne lo dice todo en la siguiente cita:

"No importa lo que vendes. Tu mercadeo nunca debe de ser sobre el producto. Debe de ser siempre sobre el prospecto."

Así que pregúntate a ti mismo:

* ¿Qué tanto de tu presentación de oportunidad se trata de la compañía, productos y plan de compensación?

* ¿Qué tanto de tu presentación de oportunidad se trata de tu prospecto?

Los empresarios de redes exitosos saben que la presentación debe de ser sobre el tema favorito del prospecto: el prospecto.

Puedes estar pensando: –Suena bien, pero, ¿cómo hago que hablen sobre querer mi negocio?

Prueba algunas preguntas de cierre para hacer que los prospectos piensen en conseguir soluciones para sus problemas. Es asombroso lo interesados que están los prospectos cuando es su idea.

Aquí hay algunas preguntas que puedes usar:

* ¿Estás de acuerdo en no tener suficiente tiempo para descansar o estar con la familia?

* Eso es un largo camino al trabajo. ¿Qué haces durante esas dos horas?

* Tengo curiosidad, ¿qué tan difícil es conseguir un aumento decente donde trabajas?

Inmediatamente la conversación cambia hacia que el prospecto quiere un negocio propio o una mejor oportunidad.

**Por qué algunas personas son atracciones naturales
en eventos de contactos.**

Asistes a un evento de contactos. Todos arrojan su tarjeta de presentación en tu mano. Te dan su guión de ventas preparado. Y luego salen corriendo sobre su próxima víctima.

Todos salen con una pila de tarjetas de presentación de gente con la que nunca hablarán. Auch.

Aquí está una famosa cita de Frederick Collins que te convierte instantáneamente en una atracción natural en los eventos de contactos:

"Hay dos tipos de personas. Los que llegan a un lugar y dicen 'Muy bien, ¡aquí estoy!' Y los que llegan y dicen: 'Muy bien, aquí estás.'"

Esa es la diferencia entre un empresario de redes profesional y un vendedor antipático y nefasto en eventos de contactos.

Ponlo a prueba.

Es mejor tener una buena relación con sólo unas pocas personas, que una colección de tarjetas de presentación de gente con la que nunca hablarás de nuevo.

#6. Prospectos instantáneos y tráfico web.

No te quejes por no tener prospectos o por un tráfico web inexistente. Hay oportunidades en todas partes.

Estaba en el parque Yellowstone, rodeado de turistas. Mi teléfono celular tomaba mejores fotos que las cámaras que tenían varios de ellos. Para crear prospectos y llevar tráfico a mi página web, todo lo que hice fue:

1. Ofrecer tomar una foto de la familia de turistas. La mayoría de veces era después de un intento fallido de "selfie."

2. Decir que sería un placer enviarles la fotografía por correo electrónico.

3. Enviar la fotografía con un pequeño mensaje de firma que creara curiosidad y los enviara a mi sitio web. ¿No sabes lo que es un mensaje de firma? Es como un P.D. Que se agrega al final de tu correo electrónico. El mensaje de curiosidad puede ser tan simple como:

* ¿Recuerdas cómo me veía? Click aquí para ver mi foto.

* Click aquí para ver mi foto de antes y el después. ¿Qué opinas?

* Click aquí para ver una foto de lo que hago.

* Click aquí para saber si luces como mi jefe.

* Click aquí para ver el auto que me gané.

* Click aquí para ver cuánto peso perdí este mes.

* ¿Tu cheque es una desgracia? Click aquí.

* Click aquí para ver cómo recibo un cheque extra cada mes.

* Click aquí par ver dónde me mordió mi perro.

* Click aquí para ver lo que me dijo mi hija.

* Click aquí para ver por qué salí tal como me decía mi mamá.

Prospectos instantáneos. Tráfico web instantáneo. Cero costo.

Esto es más fácil que abordar extraños durante las vacaciones preguntando: –¿Mantienes abiertas tus opciones de negocio?

¿Mis resultados? Casi todas las familias de turistas querían una buena fotografía y con gusto me dieron su correo electrónico.

Así que asegúrate de que tu página esté lista para la inyección de vacacionistas que buscan una vida mejor.

#7. Cómo conseguir algo de éxito rápido.

Todos quieren resultados y gratificación instantánea. Esperar a que la inercia se acumule es frustrante. Así que veamos cómo podemos despegar nuestro negocio con muchos nuevos distribuidores rápidamente.

El activo principal que una persona trae a las redes de mercadeo es su lista de contactos. Algunas personas han pasado años construyendo sus relaciones, sus contactos, su lista de clientes y una red sobre la cual tienen influencia. El mercado caliente de prospectos a los que pueden contactar es gigantesco.

Aún mejor, sus contactos los respetan, y felizmente tomarían su consejo. Cuando estas personas con influencia y conexiones se unen a tu negocio, es fácil para ellos enrolar a su mercado caliente rápido. experimentarás resultados rápidos y tu organización creará inercia. Ante los demás, lucirá como si todos se quisieran unir contigo. La prueba social ayudará a quienes están sentados en las gradas a tomar una decisión de unirse.

¿Quienes son estos individuos conectados, con relaciones, clientes y una red de influencia? Veamos algunos ejemplos.

1. Agentes de seguros. Muchas familias han puesto sus planes financieros en las manos de un agente de seguros confiable.

2. Voluntarios de la comunidad. Los voluntarios pasan el tiempo ayudando a los demás. Sus amistades confían en sus intenciones puras. Cuando un voluntario habla, las personas escuchan y confían en sus motivos.

3. Policías. Ellos entran en contacto con cientos de personas. La mayoría respeta a un policía. Están mal pagados a pesar de arriesgar sus vidas. Sus familias se preocupan sobre su seguridad. Los policías tienen muchos motivos para unirse a nuestro negocio.

4. Políticos. ¿Hablamos de influencia? Ellos son personas de influencia profesionales y lo demuestran en cada ciclo de elecciones.

5. Organizadores de bodas. Ellos se encargan de que las cosas se hagan. Su ejecución debe de ser perfecta o la novia se enfurecerá. Pero piensa en cuantas personas conocen y entran en contacto con ellos. La lista de personas que conocen es gigante.

6. Bomberos. Algunos bomberos trabajan 48 horas y tienen libre el resto de la semana. Esto les da tiempo para dos carreras, y dos juegos de contactos sólo del trabajo. Los prospectos respetan a los bomberos.

7. Vendedores. ¿Los vendedores conocen muchas personas? Por supuesto. Cuando el vendedor tiene buenas habilidades de afinidad, tiene una lista de prospectos enorme que le tomaría meses acabar.

8. Madres activas. Piensa en las madres que son muy activas en la escuela de sus hijos, la asociación local de vecinos, en clubes sociales. La mayoría de las madres tienen una red muy grande de mujeres. Cuando necesitan una fuente de descuentos o están en busca de algún

artículo difícil de encontrar, ellas simplemente se comunican con su extensa red de conocidas.

9. Entrenadores personales e instructores de ejercicios. Ellos interactúan con su lista de clientes semanalmente.

10. Doctores y profesionales de la salud. Cuando confías en alguien para tu salud, bueno, no puedes tener más confianza para muchas cosas más que eso. Escucharías sus propuestas con mente abierta.

¿Qué tienen en común todas estas personas?

Ellos tienen experiencia haciendo redes. Ya tienen recorrido el 50% del camino del éxito. Tienen prospectos que los escucharán con una mente abierta, y sus prospectos también confían en ellos.

Cuando patrocines a uno de estos experimentados constructores de redes, tu agenda se llenará instantáneamente. Cuando ayudes a tu nuevo socio, estarás ocupado durante semanas. Tus días estarán llenos de presentaciones y actividades para ayudar a sus nuevos distribuidores a hablar con su lista caliente de prospectos.

Así que si necesitas comenzar más rápido, contacta a personas con experiencia construyendo redes que ya tienen una lista de prospectos preparada.

31

#8. Consigue la dirección de su casa.

¿Quieres tener más prospectos con los cuales hablar sobre tu negocio? Prueba con esto:

Ve con tus parientes, compañeros de trabajo y amistades, y pregúntales esto:

–¿Cuál es la dirección de tu casa?

La mayoría reaccionará preguntando:

–¿Y por qué quieres saber?

Contesta diciendo:

–Voy a ir a un crucero de una semana por mi negocio, y quiero enviarte una postal.

Y espera.

La mayoría te preguntará sobre tu negocio.

Esta es una manera genial de conseguir muchos prospectos calificados antes de te vayas de crucero.

Si no vas a ir a un crucero de tu compañía, quizá asistirás a la convención anual. Entonces dirías:

–Voy a ir a Phoenix por mi negocio, y quiero enviarte una postal.

Y aquí hay un consejo más para ayudarte a disfrutar tu viaje.

Ya que vas a estar enviando demasiadas postales, prepara las etiquetas con las direcciones antes de irte. De ese modo, todo lo que tienes que hacer es colocar la etiqueta y escribir un mensaje corto cuando llegues a tu destino.

Muchos de tus prospectos colgarán tu postal en la puerta del refrigerador o su tablero de pendientes en casa. La postal les recordará constantemente sobre ti y tu oportunidad de negocio.

#9. Localiza el lugar para pescar.

Un riachuelo ancho y poco profundo fluye en el área. El río tiene la profundidad de un tobillo. Aguas abajo hay una bella alberca con agua transparente.

Hoy es tu día para ir de pesca. ¿Dónde arrojarías tu línea? ¿En la parte del río poco profunda? O, ¿arrojarías tu línea en la alberca profunda y con agua clara que ofrece a los peces alimento y protección? (Consejo: elige la segunda opción.)

Hay dos reglas para convertirse en un gran pescador:

Regla #1. Arroja la línea donde están los peces.

Regla #2. Cuenta buenas historias sobre el que se te escapó.

Hablemos solamente sobre la Regla #1 (Ve a pescar donde están los peces) y sobre cómo aplica a las redes de mercadeo.

Aquí está donde los empresarios en apuros buscan prospectos de calidad:

* Publican un anuncio que parece de empleo. Los prospectos responden al anuncio en busca de un empleo, no un negocio. Ahora la confianza se ha roto incluso antes de que la presentación comience.

* Le piden a sus parientes que renuncien a la noche del partido con la liga de bolos para ir a una presentación de oportunidad. Incluso si los parientes asistieran, no estarían muy contentos.

* Se paran en una esquina a entregar muestras de producto o volantes a peatones desinteresados. Estos ilusos empresarios esperan que alguien use y se enamore de su producto y les llame.

* Asisten a la oficina de desempleo y anuncian: – ¿Alguien de aquí quiere perder su cheque semanal de beneficencia? Porque tengo una oportunidad de negocio para los que quieran contactarme.– La respuesta obviamente es decepcionante.

Estas técnicas son tan efectivas como arrojar un despertador a un cementerio.

¿Y dónde están lo peces?

Si tuvieses opción, irías a pescar donde hay tantos peces que podrías cruzar a la otra orilla sin mojarte los pies. Entonces, ¿Por qué perder tiempo pescando en lugares donde los peces son tan escasos?

Campañas costosas y elaboradas no son la respuesta. El secreto es simple: ¡campañas **creativas** donde todos los prospectos son buenos prospectos!

Localizando esos increíbles prospectos calificados.

Hace muchos años patrociné a una mujer de nombre Dorothy. Ella era cosmetóloga, destinada a un potencial de ingresos limitado. Incluso cuando ella trabajaba largas horas y tenía poco tiempo libre, sabía que las redes de mercadeo eran su oportunidad.

Sus clientas regulares no querían un negocio de largo plazo con recompensas de largo plazo. Ellas se enfocaban en las telenovelas del día a día. ¿Por qué querrían trabajar hoy y esperar un ingreso meses después? ¡Ellas querían tener un cheque incluso antes de trabajar! No había muchos peces en esta parte del río de Dorothy. No era su momento.

Con sólo dos noches libres por semana, ¿a dónde podría ir Dorothy para construir un grupo de ganadores rápidamente? Necesitábamos un plan.

Primero, perfilamos el prospecto perfecto para Dorothy y su limitado tiempo. Estas son las cualidades que buscábamos:

1. El prospecto debería de tener un empleo. Los prospectos desempleados necesitan dinero rápido. Necesitan un **trabajo**. No tienen tiempo para esperar a que su **negocio** crezca. Cuando los prospectos no tienen trabajo, no tienen dinero extra para unirse a un negocio, comprar productos, solicitar tarjetas de presentación o costear otros gastos, por mínimos que sean, para crear un negocio en redes de mercadeo.

2. Los prospectos deberían buscar progresar en la vida. Desear aumentos de sueldo, mejorías en su carrera y oportunidades de crecer.

3. Los prospectos deberían ser locales. Es más sencillo hacer presentaciones y entrenamientos compartiendo un café o en un salón de juntas local. Puedes presentar tu oportunidad persona a persona, puedes responder preguntas, construir relaciones y hacer lazos con tu equipo.

4. Los prospectos deberían de tener gusto por las ventas. Dorothy no tenía suficiente tiempo para convencer prospectos para que les gustaran las ventas. Lo mejor sería conseguir prospectos que ya estén emocionados con la idea de las ventas.

Ir a donde está la acción.

Aquí está nuestra solución.

La Cámara de Comercio local patrocinaba una serie de clases gratuitas de negocio por las noches, en una universidad local. Había voluntarios que daban clases sobre las áreas de su experiencia durante algunas horas, una noche a la semana, durante seis semanas.

Podías aprender contabilidad, administración, y por supuesto, ventas. Elegimos la clase del martes por la noche para aprender cómo vender. Esto sólo tomaría una noche de la semana de Dorothy. Y puesto que la clase era gratuita, invitamos a algunos de los distribuidores de Dorothy a unirse. Podrían aprender algo sobre ventas también, ¿no es así?

Ahora, ¿qué es lo que sabemos sobre nuestros compañeros de clases?

1. Todos tienen un trabajo. Por eso asisten a clases por la noche para aprender algo más.

2. Todos quieren salir adelante en la vida. Tienen empleos de tiempo completo y aún así quieren aprender nuevas habilidades.

3. Todos eran locales. Nadie tomaría un vuelo una vez por semana para tomar una clase nocturna.

4. Todos en la clase estaban enamorados de las ventas. Ya eran vendedores, o planeaban serlo en el futuro. ¡Eran voluntarios para tomar una clase que les enseñaría como vender aún mejor!

Pescando en un barril.

Patrocinar a los compañeros de clase era fácil. Todos querían ganar más, querían esforzarse para salir adelante. Pudieron ver que los beneficios de nuestro negocio estaban en sintonía con lo que buscaban en la vida.

1. Podrían crear un flujo de ingreso continuo en lugar de los altibajos de las ventas por comisión. Podrían incluso recibir dinero si estuviesen enfermos o incapaces de salir a hacer sus ventas por comisión.

2. Podrían hacer crecer el negocio para ser tan grande como quisieran.

3. Podrían ser su propio jefe.

4. Sin riesgo. No necesitarían invertir un gran capital. Todo lo que tenían que hacer era invertir poco dinero y su energía. No necesitarían arriesgar la cuenta de ahorros de la familia con una gran inversión en un negocio tradicional.

¿La recompensa?

La mayoría de los compañeros de clase (37 de 42 estudiantes) se registró como distribuidores o clientes. ¡No olvides el instructor!

Debemos de ir a pescar donde están los peces, peces calificados. No importa qué tan buena sea tu oferta, si tus prospectos no califican, o si no es el momento adecuado para ellos, estás pescando en el lugar equivocado.

#10. Inadaptados.

Algunas personas no encajan bien en un empleo. Prefieren hacer las cosas "a su manera." ¿El resultado? Los despiden. Estas personas sienten que saben más, son más listos, o solamente disfrutan pensar fuera de lo establecido. Usualmente son muy creativos y les encantaría ser su propio jefe y hacer las cosas a su manera.

Wow. ¡A mí me suena como que son geniales prospectos!

¿Cómo encuentras a estos "inadaptados"? Sólo pregunta. Aquí hay otra oportunidad para usar tus habilidades para las referencias.

Por ejemplo, ve al restaurante local de comida rápida, localiza al encargado y pregunta: –¿A quién has despedido recientemente por ser muy creativo?– En algunos casos, puede que te den una larga lista.

O: –¿Quién trabajaba para ti que siempre estaba haciendo sugerencias sobre cómo hacer mejor las cosas?

Algunas personas tienen su manera única de hacer las cosas. Permíteles hacerlo cuando se unan a tu negocio. Ellos te agradecerán por permitirles la libertad de ser ellos mismos.

#11. Vendedores entrenados.

¿Deseas prospectos locales de alta calidad y sin costo?

Ve con un comerciante local –pero no trates de venderle nada. Solamente pide un favor.

Pregúntale al comerciante:

–¿Quienes son los mejores vendedores o representantes con los que tratas actualmente?

Puedes recibir nombres de vendedores estupendos que detestan sus trabajos y le darán la bienvenida a una oportunidad. Y puesto que estás recibiendo los nombres de los mejores, tendrás prospectos de alta calidad a quienes puedes contactar. Muchos de estos vendedores estarán gustosos de recibir algo de ingreso adicional, y algunos pueden incluso querer ser su propio jefe.

Sé amable. Contáctalos y dales una opción más para sus vidas. Puede que te lo agradezcan por siempre.

#12. Convierte perdedores en ganadores.

¡Piensa en marketing! Un poco de imaginación puede hacer mucho.

Por ejemplo, digamos que vendes productos para dietas y no puedes costear la publicidad. Quizá todo lo que puedes costear para tu promoción sea un suministro mensual de productos dietéticos.

¿Entonces qué hacer? ¿Qué hay de un concurso para PERDEDORES?

Anuncia que cualquiera puede entrar al concurso, pero debe de contar con dos requisitos.

1. Debe de tener un boleto de lotería perdedor.

2. Deben de querer perder algo de peso.

Haz un sorteo de los boletos de lotería perdedores y regala un suministro mensual de tus productos de dieta al ganador.

Tendrás mucha publicidad de boca a boca con una campaña innovadora. Haz más interesante la campaña al hacer el sorteo en el local de rosquillas o en la pizzería.

* Si vendieras productos para el cuidado del cutis, ¿qué tal un concurso de "Pierde esas arrugas"?

* Si vendieras servicios de viajes, ¿qué tal un concurso de "Deja atrás el invierno" para alguien que odia el frío?

* Si quisieras promover tu oportunidad, ¿qué tal un concurso de "Pierde a tu jefe"?

* ¿O qué tal esto? Ve quién puede dar la mejor razón para "Perder el despertador." Wow. Serían prospectos ultra calificados.

#13. El método de prospección en escalera.

Este es un método intensivo, pero si se domina, es una de las campañas más productivas para el patrocinio que puedes imaginar.

Imagina que Big Al recibe una carta de un miembro de su grupo. La carta dice:

Querido Big Al,

Soy un nuevo distribuidor que apenas comienza en redes de mercadeo. Me mudé a una ciudad nueva y no conozco a nadie. Quiero construir un negocio fuerte. Puesto que no poseo experiencia en redes de mercadeo, no se dónde comenzar o qué hacer.

No pediré mucho, y no tomaré mucho de tu tiempo. No tienes mucho tiempo para un protegido, así que sólo pediré un favor.

*¿Serías tan amable de venir por **sólo un día**, y ayudarme para dar un buen comienzo? Sólo enséñame una técnica y construiré mi negocio desde ese punto. Tengo iniciativa, así que nunca tendrás que escuchar de mí nuevamente.*

Así es. Dame un sólo día y estaré por siempre en deuda contigo.

Sinceramente,

Jerry Agresivo (Distribuidor Recién Ingresado)

¡Pero qué carta!

¿Qué harías si recibieras esta carta? Este motivado con iniciativa podría hacer crecer tu negocio de verdad. Todos disfrutamos recibir cartas de personas motivadas. Todo lo que quiere es **¡un pequeño milagro!**

Es difícil para un nuevo distribuidor construir un grupo. Requiere prueba y error, conferencias y seminarios de entrenamiento, ventas, prospección, liderazgo y más. Varios meses pueden pasar con poco o ningún progreso. Habrá altas y bajas. Los embarques de producto pueden demorar. Las reuniones pueden ser difíciles de organizar. Tomará tiempo construir un grupo grande y dedicado para tener juntas emocionantes.

Debemos construir profundo para apoyar a que nuestro nuevo distribuidor pruebe algo de éxito. Si nuestro distribuidor nuevo no sabe nada acerca del negocio, nuestra tarea puede ser abrumadora.

Lo que nuestro nuevo distribuidor quiere es una grande, exitosa y emocionada organización de nuevos distribuidores ahora. Y es generoso, nos va a dar **un sólo día** para hacer nuestro milagro. Lo que él quiere es saltar meses de trabajo para convertirse en un líder instantáneo con una emocionante organización llena de distribuidores.

Bien, este es el reto del liderazgo. Puesto que los nuevos distribuidores nos tienen en alta estima, **esperan** que hagamos milagros.

Bien, ¿que podemos hacer con "un sólo día" que cubra todos los objetivos de nuestro nuevo distribuidor? ¿Publicamos un anuncio? ¿Le decimos que se haga unos cientos de nuevos amigos antes de que lleguemos? ¿Nos vestimos con armadura y salimos puerta por puerta, suplicándole a las personas para ser distribuidores? O, ¿qué tal darle a nuestro distribuidor un eslogan pegajoso impreso en un botón llamativo?

Podemos decirle a nuestro nuevo distribuidor que deambule en el centro comercial y espere a que la gente se agolpe frente a él con aplicaciones en mano. Quizá podríamos enviar folletos por correspondencia a desconocidos en el directorio telefónico y esperar a que nos envíen órdenes de compra y aplicaciones llenas. Con un sólo día para desarrollar el milagro, no tenemos muchas opciones.

Así que, aquí está la prueba. **¿Qué es lo que harías tú?** (No es una opción faltar o fingir una enfermedad. Tu distribuidor quiere un milagro.)

La solución en escalera.

Querido Jerry,

Es siempre un placer escuchar de alguien motivado y con iniciativa. Aprecio de verdad tu actitud de salir por tu cuenta y hacerte responsable por tu futuro financiero.

Sí, mi agenda es apretada y mis tiempos abiertos son limitados. Sin embargo, estoy emocionado por esta oportunidad de apoyarte a dar un genial comienzo. Aprecio tu deseo de aprender maneras aceleradas y efectivas para construir tu negocio. Demasiados distribuidores usan prueba y error para reinventar la rueda.

Aquí está mi único requerimiento para el día:

Haz una cita con tres o cuatro personas para pasar cinco minutos conmigo. Sólo diles que deseo hablar con ellos de negocios. También querrías mencionarles el nombre de nuestra compañía o responder cualquier otra pregunta que puedan tener. Yo sólo deseo hacerles unas pocas preguntas.

Si tú haces lo tuyo, yo te garantizo que tendrás hasta 20 personas en tu organización en sólo unos pocos días. No tenemos tiempo suficiente para conseguir a las 20 en el día que esté contigo. Sin embargo, construiré los cimientos y te daré la técnica para terminar el trabajo.

Estoy en espera de nuestro día de trabajo la próxima semana.

Sinceramente,

Big Al.

¿Y, qué sucedió?

El día tan esperado llegó. Big Al se reunió con Jerry y su primer prospecto en un restaurante. Su prospecto, John, era un empresario local y miembro de los Jaycees. Él había recibido al Distribuidor Jerry en la comunidad sólo pocos días atrás.

Big Al le preguntó a John si tenía familiaridad con las redes de mercadeo. John estaba al tanto de este tipo de negocios y una ocasión asistió a una emocionante junta de oportunidad. La junta de oportunidad duró más de dos horas y John tuvo que retirarse antes de concluir. Decidió no unirse, debido a que si una presentación duraba tanto, ¡no habría tiempo para trabajar en el negocio!

Big Al explicó un poco sobre la compañía y cómo las reuniones sólo eran de 30 minutos. John dijo que tenía tiempo para más detalles, así que Big Al hizo una rápida presentación de 20 minutos.

Al final de la presentación, John dijo: –Muy interesante. Iré a casa y lo voy a pensar por unos días.

Entonces Big Al utilizó el cierre en escalera.

–John, tú sabes cómo Jerry está apenas abriendo la oportunidad en el área. Juntos pondremos 20 nuevos distribuidores en la organización en los próximos días. Querríamos que todos ellos estuviesen en tu línea. Esto te daría un tremendo comienzo y podrías proveer algo de buen y estable liderazgo para ellos. ¿Me podrías deletrear tu apellido y tu dirección? Entonces, la siguiente persona con la que hablemos puede tenerte como su patrocinador.

Big Al escribió el nombre y correo electrónico en la sección de "patrocinador" dentro de la aplicación en línea. Luego, le pidió a John que llenara los detalles restantes. Jerry estaba mirando en asombro. Finalmente, Big Al llenó la información apropiada para una compra de productos para que John pudiera tener experiencia con la línea de productos.

Jerry se preguntó: –¿Por qué John cambió su mente tan rápido? ¿Fue la promesa de 20 personas en su línea?

¿Cómo vamos a hacer para que 20 personas mantengan su compromiso? ¡No conocemos a nadie en este pueblo!

Cuando John terminó el papeleo, Big Al dijo: –John, como puedes ver, esta es una gran oportunidad. Yo sé que probablemente tienes algún amigo cercano o socio de negocios que te gustaría apoyar. Puesto que vamos a construir la organización de nuevos distribuidores debajo de ti, quizá deberíamos de invitar a un amigo tuyo primero. Así él se beneficiará también de este grupo de nuevos distribuidores.

John respondió: –¡Es una gran idea! Mi mejor amigo Mike siempre ha querido encontrar algo de medio tiempo para ganar dinero extra. Tu apoyo en conseguir nuevos distribuidores le dará una garantía de un comienzo asombroso y elevará su confianza. Vamos a llamarle de inmediato y firmarlo antes de que vayan por el resto.

John rápidamente llamó a Mike. Mike pidió que Big Al y Jerry se apresuraran a su casa antes de salir a su trabajo. Si John dijo que era algo bueno, y que había un arranque garantizado, quería entrar ya mismo.

Big Al le agradeció a John por su tiempo. –Recuerda, la primera reunión para el área es dentro de una semana a partir de hoy.

Big Al y Jerry saltaron en el coche de Big Al y se dirigieron a casa de Mike.

En el camino, Jerry comentaba: –¡Eso fue increíble! La primera persona con la que hablamos decide firmar, nos hizo pedido de producto, y nos refirió a un prospecto listo para ingresar. Creo que la promesa de 20 distribuidores en su línea tuvo algo que ver con eso. Lo que me trae dudas y me incomoda es que entre tú y yo conocemos menos de tres personas en este pueblo. ¿Cómo vas a mantener nuestro compromiso?

Big Al respondió: –Observa atentamente, y mira cuáles son tus conclusiones al final del día. Vamos a visitar a Mike y veamos qué podemos aprender de él.

Mike fue la presentación más fácil que Jerry pudo imaginar. Ya estaba mentalmente comprometido a unirse cuando respondió al timbre de su casa. Su respeto por John y el entusiasmo de John durante la llamada, habían completamente enrolado a Mike antes de que Big Al y Jerry llegaran.

Al final de su breve presentación, Big Al dijo: –Mike, como John te comentó, nos estamos concentrando en traer nuevos distribuidores durante los próximos días. De hecho, vamos a traer 19 nuevos distribuidores dentro de tu organización para darte un comienzo rápido. Estoy seguro que tienes algún amigo o algún socio de negocios que querría tomar ventaja de este comienzo rápido. Podríamos poner distribuidores dentro de su organización mientras te apoyamos a ti también. Tu amigo te agradecerá por esta oportunidad. ¿A quién conoces que se merezca y aprecie este comienzo rápido en su propio negocio?

Mike rápidamente respondió: –Había pensado en eso desde mi conversación con John hace rato por la mañana. Mi hermano Jim, puede ser bueno en este negocio. Siempre quise apoyarlo a salir adelante, y esta sería la oportunidad perfecta. Déjame llamarle y ver si pueden ir para allá. Quiero que lo firmen antes de que consigan a esos otros distribuidores. Lo quiero arriba. Puede ser la siguiente súper estrella de la compañía.

El hermano de Mike, Jim, dijo que Big Al y Jerry lo podían ver en el trabajo en 15 minutos. Él tomaría un pequeño descanso para platicar con ellos y ver lo que tenían que ofrecer.

Jim se emocionó sobre el apoyo para construir su línea y por que John y Mike ya habían ingresado.

Big Al cerró al decir: –Jim cuando llegó el momento de responder si había una persona a la que más quería apoyar, Mike te escogió a ti. Mike sabía que tú apreciarías nuestros esfuerzos en darte un inicio rápido al construir tu linea. Planeamos colocar 18 nuevos distribuidores en tu linea dentro de los próximos días. ¿A quién te gustaría en el tope de tu organización?

Jim respondió: –Big Al, hay dos personas que yo pienso que estarían encantadas con el apoyo extra que ofreces. Primero, mi jefe aquí en el trabajo. Siempre está buscando cómo mejorar sus finanzas. El otro prospecto es mi vecino del al lado, Allen. ¿Sería posible que mi jefe patrocine a Allen y ustedes continúan construyendo bajo Allen? Así sus esfuerzos benefician no sólo a uno, sino a mi jefe y a Allen.

–No hay problema.– Dijo Big Al. Él y Jerry fueron a la planta alta y le presentaron el plan al jefe de Jim. Al final de la presentación, el jefe quería pensarlo un poco. Big Al dijo: –Vamos a necesitar tu nombre y número de seguro social como patrocinador de Allen. Allen es el vecino de Jim. Jim quiere que tú seas su patrocinador para que todos los esfuerzos de Allen te beneficien.– El jefe llenó la aplicación.

Antes de salir a casa de Allen, Big Al le dijo al jefe de Jim: –Ya que vamos a colocar 17 nuevos distribuidores en tu organización dentro de los próximos días, ¿a quién te gustaría beneficiar de este esfuerzo? Si tienes algún amigo o socio de negocio que quisieras arriba de estos nuevos distribuidores, hablemos con él de una vez para que también se beneficie.

El jefe de Jim respondió: –Aprecio que Jim quiere que patrocine a su vecino Allen. Para demostrar mi aprecio, voy a patrocinar a mis tres mejores amigos debajo de Allen. Así sus esfuerzos de construcción pueden continuar bajo mis tres amigos y beneficiar a todos nosotros. Déjenme hacer la llamada para ajustar las citas.

Y así transcurrió el día. Para la noche, Big Al y Jerry habían patrocinado a 14 nuevos distribuidores. Con sólo unos pocos distribuidores faltando para alcanzar su meta de 20, Jerry estaba confiado de que la primera junta de la próxima semana iba a ser genial.

–Ya veo cómo mantienes tu palabra de apoyar a las personas con un buen comienzo.– Dijo Jerry. –Puedes ir a casa temprano. Yo puedo terminar este trabajo. Ahora tengo suficientes prospectos para terminar el resto de los seis distribuidores que necesitamos para cumplir nuestro compromiso. Esta simple técnica me construirá una organización más allá de mis sueños. Sólo tengo un distribuidor de primer nivel ahora, pero habrá un total de 20 distribuidores en mi grupo para la junta de la próxima semana. Y todos estarán emocionados por que ya tienen distribuidores en su linea. No me preocupa tener sólo un primer nivel. Comenzando la próxima semana voy a patrocinar a mi segundo distribuidor de primer nivel y ¿adivina qué? Trabajaré con mi nuevo primer nivel hasta que tenga 20 distribuidores en su linea también.

Hoy ocurrió un milagro para mí Big Al. Observé 15 presentaciones y 14 personas se unieron, ahora tengo una emocionante organización en crecimiento. ¡Y todo en un sólo día! Ahora veo cómo debe de trabajar un patrocinador. Seguiré tus pasos y le mostraré a mi organización cómo hacer lo mismo.

Así que Big Al se retiró para dejar que Jerry terminara esta campaña.

Es asombroso lo que se puede lograr en **un sólo día**.

#14. Convierte un prospecto frío en un emprendedor.

Sólo toma un minuto o dos, y es muy fácil.

Pídele a tu prospecto que:

1. Escriba tres cosas que le gusta hacer.

2. Luego, pídele que escriba cuánto tiempo pasa haciendo cada una de estas cosas.

3. Pregúntale al prospecto: –¿Quién está a cargo de tu tiempo?

4. Si el prospecto comprende que está a cargo de su tiempo, explica cómo las redes de mercadeo le pueden dar más control sobre su vida.

#15. Pon tu mensaje en la cara del prospecto.

Tenía dos invitados que se reunirían conmigo para cenar y una presentación. Puesto que llegué temprano, había unos minutos para esperar.

Estaba aburrido así que miré los manteles individuales –¡estaban en blanco!

Qué desperdicio de espacio publicitario. Aquí está un lugar genial para publicitar y obtener la atención absoluta del prospecto. Pocos empresarios de redes toman ventaja de este recurso.

Ahora piensa en el dueño del restaurante. Tuvo que pagar por esos manteles. Tal vez se lleva 5,000 o 10,000 de estos manteles al mes. No es un gasto grande, pero es un gasto finalmente.

Podrías imprimir manteles individuales con tu publicidad y dárselos al dueño del restaurante gratis. El dueño está contento. Pones tu publicidad frente a miles de personas por unos pocos dólares.

¿El dueño del restaurante recibirá manteles individuales gratuitos de ti?

Por supuesto. Ya has visto los manteles individuales con múltiples anuncios en otros restaurantes. Alguien le dio estos manteles al dueño de ese restaurante.

Pero se lo puedes poner fácil al dueño. ¿Por qué no incluir un juego para los niños y algunos juegos de palabras para los adultos? Ahora el mantel tiene valor de entretenimiento.

¿Preocupado por el costo de las impresiones? Haz una cooperación de uno o dos anuncios con otros negocios. Deja que te den su dinero para que su anuncio aparezca junto al tuyo. Eso cubre los costos mínimos de impresión. Hmmm, ¡eso hace gratis tu anuncio!

Y finalmente, las personas quieren gratificación inmediata. ¿Por qué no asociar al dueño del restaurante? Haz que el dueño del restaurante tenga algunos de tus productos para que el mantel pueda decir:

"Sólo pida el suyo en la caja registradora a la salida."

Esto funciona genial si tienes un buen anuncio que atrae a las personas a comprar el producto. Con un poco de imaginación, podrías crear un mensaje o acertijo que pudiera imprimir en tu prospecto una búsqueda por una mejor oportunidad.

#16. Algunas veces simple es mejor.

Mientras charlaba con una distribuidora que vende barras nutritivas, le pregunté dónde encontraba sus mejores prospectos. Ella dijo:

–Fácil. En el trabajo, simplemente sigo a las personas cuando van a la máquina expendedora. Me paro al lado de ellos mientras como de mi barra nutritiva, y siempre me preguntan dónde pueden conseguir barras también.

Ella vende bastantes barras y gana un ingreso de medio tiempo en su trabajo.

Mientras tanto, otro distribuidor está haciendo esto:

1. Diseñando un folleto de barras saludables.

2. Creando el texto de ventas para la página web.

3. Contratando a un diseñador de páginas web.

4. Escribiendo los correos para el autorespondedor.

5. Haciendo pruebas con palabras clave en Google Adwords.

6. Creando una página de pedidos, etc.

A veces olvidamos que las redes de mercadeo es un negocio de cara a cara.

#17. La temporada de impuestos se acerca.

Entrena a tu contador de impuestos para decir esto a sus clientes.

Después de que el cliente le entregue sus libros y recibos, el contador debe de decir:

"¿Qué negocio de medio tiempo estás usando este año para deducir impuestos? La mayoría de las personas no quiere pagar el monto máximo que marca la ley."

El cliente naturalmente va a querer saber acerca de comenzar un negocio de tiempo parcial. El contador simplemente podrá referirlo contigo.

* Tú ganas. Obtienes un nuevo distribuidor.

* El contador gana. Obtiene un cliente satisfecho, y si ya está en tu negocio, construye una organización que le aporta ingreso residual durante el resto del año.

* El cliente gana. Consigue un negocio, consigue más deducciones de impuestos y puede comenzar a construir un ingreso residual.

#18. Cómo construir una lista genial de prospectos para el próximo año.

No todos los prospectos van a unirse inmediatamente después de tu presentación.

¿Por qué?

Tal vez el momento no es el correcto. Quizá todavía son felices con su empleo o su situación financiera futura. O tal vez sienten que su plan actual para independencia financiera está funcionando.

¿Cómo motivas a algunos de estos prospectos meses después de tu presentación inicial? Aquí hay una manera:

Cuando tu prospecto declina la oportunidad de unirse a tu negocio, dale un sobre en blanco con una forma que diga:

* El saldo actual de mi cuenta de cheques.

* El saldo actual de mi cuenta de ahorros.

* El saldo actual de mis tarjetas de crédito.

* El saldo actual de mi cuenta de retiro.

Pide al prospecto que llene esta forma en privado y lo coloque dentro del sobre. Haz que el prospecto selle el sobre y lo guarde en un lugar seguro.

Y finalmente, dile esto:

–Veamos cómo está funcionando tu plan. Con optimismo, te dará los resultados financieros que estás buscando. Hay que reunirnos y revisar cómo tu plan está funcionando en unos seis meses, ¿está bien?

Si tu prospecto es como la mayoría de los prospectos, no habrá progreso en seis meses. Hará que tu segunda visita sea mucho más fácil.

#19. Un frasco de frijoles de caramelo.

Digamos que tienes un prospecto que no ve el valor de tu oportunidad. Tú sabes que este prospecto puede ser genial en tu negocio. ¿Cómo puedes hacer que recuerde tu oportunidad de negocio?

Dale a tu prospecto un frasco de frijolitos de caramelo.

Redacta una etiqueta que diga:

"Para el alivio temporal del estrés ocasionado por jefes irracionales. Tome dos píldoras cada dos horas hasta que la molestia desaparezca. Si el problema persiste llame a Juan Pérez al xxx-xxx-xxxx para comenzar su propio negocio en casa."

Cuando tu prospecto tiene ese frasco de frijoles de caramelo en su escritorio, lo ve a diario y piensa en ti. Así que, cuando el tiempo sea el correcto para él o ella, tu prospecto estará pensando en ti.

Sólo un poquitín cruel...

¿Interesado en llevar esta idea un poco más allá? Deja que un miserable frasco de frijoles de caramelo devore el cerebro de tu prospecto. Así es como funciona.

Imagina que tu prospecto tiene 20 años antes de jubilarse. Eso son aproximadamente 5,000 días más de trabajo. Sí, ¡5,000 días!

Compra un gran frasco de 5,000 frijolitos confitados. Dáselo a tu buen prospecto como obsequio con las instrucciones:

"Cada frijolito representa un día de tu vida trabajando para alguien más. Todo lo que debes de hacer es comer un frijolito cada mañana cuando llegas a la oficina. ¡Eso es todo! Cuando termines de comer este frasco de frijolitos de caramelo, tu vida estará a punto de terminar. Ojalá entonces puedas hacer algo que quieras hacer."

Cada mañana tu prospecto estará pensando en ti mientras observa cómo lentamente desaparecen esos frijolitos.

#20. Haz que tu prospecto reclute inmediatamente.

Un empresario de redes de mercadeo no tiene problema haciendo que sus nuevos prospectos hagan citas.

¿Cómo lo hace?

Primero, le da una presentación completa a su prospecto. Cuando el prospecto dice que se quiere unir, mi amigo dice esto:

–La única manera de que te unas conmigo es primero hacer las citas para tus primeras dos presentaciones. Si no puedes hacer estas dos citas, bueno, no creo que este negocio sea para ti.

¿Qué es lo que hace su prospecto?

Su prospecto inmediatamente se pone al teléfono y hace las citas para dos presentaciones. ¡Su prospecto ya está trabajando en el negocio antes de unirse!

#21. Usa un "ladrón."

¿Qué es un ladrón?

Es algo único o diferente que atraerá la atención de tu prospecto. Por ejemplo, si vendes propiedades a la orilla del mar, podrías tener un pequeño saco de arena engrapado a tu carta de venta para atraer la atención de tu prospecto. El pequeño saco de arena es una muestra de lo que estás vendiendo.

Si vendieras productos para la salud, anexa una bolsa de té orgánico a tu carta de venta o tarjeta de presentación.

Una tarjeta de obsequio pre-pagada, un billete de dos dólares, o algo diferente que tenga un lazo con tu producto o tu oportunidad, podría ser un ladrón. No limites tus ladrones a sólo tus cartas de venta. Úsalos con tus tarjetas de presentación, folletos, y tus encuentros personales. Solamente usa tu imaginación.

¿Quieres más ideas de ladrones?

En lugar de darle a tu prospecto una tarjeta de presentación, ¿por qué no escribir un cheque de $1 para tu prospecto? Tu cheque personal tiene tu nombre, dirección y número de teléfono, y tu prospecto se asegurará de no tirarlo o perderlo.

En lugar de sólo enviar una carta, ¿por qué no anexar un boleto de lotería nuevo en la carta? Puedes decirle al prospecto que si el boleto no resulta ganador, el prospecto todavía puede ganar al sacar ventaja de tu oportunidad. Las personas se emocionan con los boletos de lotería.

En lugar de un folleto corporativo, dale a tu prospecto una fotografía de alguien disfrutando tu producto. O, ¿qué tal una foto tuya disfrutando de tus vacaciones pagadas con el cheque del mes pasado? Es raro que las personas tiren fotografías.

¿Tienes la idea?

Usa un ladrón para robar la atención y el interés de tu prospecto. No puedes prospectar si las personas están desinteresadas.

#22. Cómo conocer personas en fiestas.

Si no eres naturalmente una persona extrovertida y de fiestas, ¿cómo es que harás para aproximarte a extraños para comenzar una conversación? Rachel Rogers de Inglaterra me dio este tip sobre cómo conocer gente en fiestas.

"Cuando llegas a la fiesta, inmediatamente ve a la cocina. Toma una charola de aperitivos, entonces ve con cada invitado y ofrece algún aperitivo. Esto te da una excusa para conocer nuevas personas que no es artificial. Tendrás oportunidad de conocer a todos en la fiesta."

¿Quieres más prospectos? Asiste a más fiestas.

La clave es tu conversación.

Aquí está tu oportunidad de estar con prospectos que quieren cambiar sus vidas. Tal vez en tu conversación podrías crear prospectos interesados al decir cosas tales como:

* "¿Y qué vas a hacer el próximo año para que sea mejor que este año?"

* "¿Estás de acuerdo con ir a trabajar seis días por semana por otro año completo?"

* "¿Piensas que podrías ser mejor jefe que tu jefe?"

* "Hmmm, otro año… cincuenta semanas para la compañía, dos semanas para nosotros."

* "¿Crees que te van a dar un aumento gigante este año?"

* "¿Cuántos años más antes de jubilarte y tener algo de tiempo libre?"

Una fiesta suena como algo divertido ahora, ¿no es así?

Redes de mercadeo es fácil, cuando sabes qué decir y qué hacer.

#23. Comienza tu propia asociación.

A las personas les fascinan las asociaciones. Se unen a ellas. Les gusta participar en asociaciones.

Las asociaciones sin fines de lucro o con mínimos ingresos no amenazan a los prospectos. Los miembros de la asociación adoran reclutar y promover la asociación con los demás.

Así que, en lugar de tratar de vender vitaminas al por menor con personas de la tercera edad, ¿por qué no comenzar la Asociación para la Nutrición del Adulto Mayor? Podrías tener reuniones mensuales con oradores invitados sobre el tema de la salud. Crearás una lista genial de prospectos con la agenda de la asociación, pero se pone mejor. Tú eres el fundador de la asociación. Tú tienes el respeto de los miembros. Sería fácil recomendar vitaminas a los miembros.

¿Por qué no comenzar la Asociación de Viajeros Mundiales? Sería mucho más fácil que vender paquetes de viajes directamente a prospectos en frío. Tu grupo local puede tener reuniones mensuales y eventos sociales. Como fundador de la asociación, tendrás varios miembros de confianza a tu alrededor.

¿Por qué no comenzar la Asociación de Emprendedores Locales? Tus reuniones mensuales podrían tener oradores invitados tales como profesionales en impuestos y contabilidad, banqueros hablando sobre características de productos financieros, y por supuesto... tú. Podrías hablar sobre iniciar un negocio con poca inversión y sobre redes de mercadeo. Por lo menos te escucharán. Tu eres el fundador.

¿Por qué no comenzar la Asociación Local de Vendedores? Aquí los vendedores pueden reunirse para una comida mensual e intercambiar historias sobre qué tan difícil es ganarse la vida en sus trabajos. Cada quien paga por su comida y el restaurante te da tu comida gratis. Después de todo, le traes al restaurante toda esa clientela extra.

Es fácil encontrar prospectos cuando hay un cuarto lleno de vendedores quejándose sobre sus trabajos.

¿Por qué no comenzar la Asociación de Gerentes Locales? Para ser un miembro, debes de tener un empleo como gerente. Los miembros podrían ser un gerente de personal del banco, un gerente asistente en el restaurante de comida rápida, o un aburrido empleado de gerencia media en la planta de manufactura local. ¿Alguna vez los gerentes desearían ser su propio jefe? ¡Seguro! Terminan cansados de trabajar todas esas largas y estresantes horas, ayudando a alguien más a ganar mucho dinero.

¿Tienes la idea? Puedes tener una asociación informal de amas de casa, de bebedores de cerveza, de ingenieros, de trabajadores de restaurantes, de empleados de gobierno, de fans del equipo de fútbol local, de dueños de Mustang, de corredores de fin de semana.

La clave es: Debes de ser el fundador de la asociación.

Esto hace fácil que puedas obtener contactos y citas con miembros de la asociación.

#24. Cómo hacer que las personas te pregunten sobre una herramienta de prospección.

Tuve una comida con Gerry Vannoy. Me platicó cómo había triplicado el número de prospectos que **le preguntaban** sobre una herramienta de prospección. Aquí está lo que él hace.

Gerry usa un libro genérico de prospección con una atractiva portada que ofrece un gran beneficio. Acostumbraba colocar el libro en su mesa mientras comía en un restaurante. Notó que los prospectos en otras mesas observaban el libro, pero nunca se aproximaban.

Así que Gerry comenzó a colocar **dos** libros en la mesa. Ahora los prospectos comenzaron a acercarse y preguntar si podían ver una copia del libro.

Parece que si hay **sólo un** libro, los prospectos están en duda al preguntar. Si hay dos libros, los prospectos se sienten más cómodos al aproximarse y preguntarte sobre el libro.

¿Por qué no poner esto a prueba con tu mejor herramienta educacional de prospección? Hazlo fácil para los prospectos, que se sientan cómodos aproximándose hacia ti.

#25. Deja que una organización benéfica te encuentre prospectos frescos.

Ya sea a través de un pariente o el hijo del vecino, todos hemos comprado caramelos para la caridad. Compramos algunos caramelos por obligación pero, a veces nos encanta que nos entreguen el chocolate a domicilio.

No queremos la mayoría de productos que venden para recolectar fondos para la caridad, pero compramos por culpa y de verdad queremos ayudar.

¿Pero qué tal si vendiésemos un producto o servicio que las personas quieren? Eso hace más fácil que el club o la organización recolecte más dinero.

¿Qué puedes ofrecer para conseguir una cita con la persona a cargo de la colecta?

¿Qué tal ofrecer dar el 100% de tus ganancias a la organización? Es muy difícil que la persona a cargo diga "No" a una cita con esa oferta.

¿Por qué darle el 100% de tus ganancias a la organización?

1. Ellos encontrarán clientes nuevos para tu producto o servicio. Algunos de estos clientes adorarán tu producto o

servicio, y puede que se hagan distribuidores. Esto es publicidad gratuita para ti.

2. Tu volumen de ventas subirá y tal vez califiques para más bonificaciones de parte de tu compañía.

3. Algunos de tus nuevos clientes podrían comentarle a sus amigos sobre tu producto o servicio. Estas referencias son oro molido. Qué genial manera de correr la voz acerca de lo que haces.

¡Esto suena tan bien que querrás inclusive darles más del 100% de tus ganancias!

Por qué el club o la organización te amará.

1. Muchos clubes y organizaciones hacen sus campañas de colecta una o dos veces por año. No tienes que interferir con sus campañas actuales. Tu campaña puede ser ingreso "extra" para que puedan llenar los vacíos en sus fondos. Dependiendo de tu producto o servicio, podrías ser capaz de proveer un ingreso mensual como campaña continua.

2. Los comités de colectas deben de conseguir voluntarios para coordinar todo. Si te ofreces para hacer la mayoría de la coordinación por ellos, serás un héroe.

¿Prospectos geniales para ubicaciones de colectas?

Los supermercados y grandes almacenes siempre están en busca de darle algo de regreso a la comunidad. Muchos de ellos le darán la bienvenida a otra oportunidad de demostrar que la comunidad les importa.

Busca lugares donde las colectas ocurran ya. ¿Ves a alguien vendiendo galletas de Niña Exploradora fuera de una tienda? ¿Una caridad para un albergue de animales con una mesa y folletos? Estas ubicaciones están predispuestas para darte espacio gratuito para colectas de dinero para una causa buena.

Alístate para ajustar.

1. Tendrás que ajustarte a los horarios disponibles en la ubicación elegida.

2. Un producto o servicio de bajo costo servirá mejor. Es fácil hacer una pequeña donación por impulso. Y tu producto o servicio se sentirá como un extra para el prospecto.

3. Asegúrate que tu producto o servicio no compite con la ubicación elegida. Eso es puro sentido común.

4. Prepara tu mesa o stand no sólo para ventas, sino para recolectar prospectos también. No todos tienen dinero en el bolsillo cuando salen de la tienda, y algunas personas pueden no estar interesadas hoy, pero podrían estar interesadas después.

5. Prepara tu mesa o stand para una audiencia en rápido movimiento. La gente rápidamente pasará frente a ti y tu oferta.

6. Los sorteos funcionan. Es más fácil recolectar nombres e información de contactos si es un formato de sorteo. ¿Existe algún premio, obsequio o muestra gratis que puedas darle a la gente que entre en tu sorteo?

7. Permite que las personas donen directamente a la caridad, sin comprar tu producto o servicio.

8. Tu formato para recolectar datos de prospectos podría preparar o preseleccionar tus prospectos con lenguaje tal como:

"Indique con una cruz si le gustaría recibir el reporte especial _____ vía correo electrónico."

"Seleccione aquí la fecha de su _____ gratis."

9. Recuerda que tu espacio es gratis debido a que estás recolectando fondos. No olvides de cuidar muy bien al club o la organización. Haz que sean #1 en tus decisiones.

10. Mantente a cargo de la venta si puedes. Las organizaciones caritativas no son buenas al vender productos o servicios por alguien más. Sus voluntarios simplemente asumen que otros voluntarios lo harán.

Comienza pequeño.

Para construir confianza, podrías comenzar con una mini campaña de colecta de fondos. Puede ser tan simple como:

* Un artículo dentro de su boletín informativo, describiendo y ofreciendo tus productos y servicios.

* Una carta de colecta que envíen a sus benefactores.

* Una campaña en redes sociales donde le soliciten a sus benefactores un mensaje cuidadosamente escrito en sus páginas de Facebook.

* Una conferencia de tu parte en una de sus reuniones donde hagas una oferta.

* Un stand gratuito que te otorguen en su evento anual.

Los benefactores comprarán más y harán menos preguntas si la mayoría o todas tus ganancias se dirigen a la causa.

Los benefactores consiguen un buen producto o servicio, la organización o club consigue más fondos, y tú obtienes clientes y prospectos. Una promoción ganar-ganar.

#26. Castigo inusualmente cruel.

Por supuesto que no podemos encontrar a **todos** los prospectos en nuestra organización nosotros. Necesitamos que nuestros nuevos distribuidores encuentren prospectos **también**.

Mientras viajaba con Rasmus Skovmand en Dinamarca, él discutía la mejor manera de conseguir que los distribuidores arranquen rápido.

¿Su conclusión?

Toma su control remoto de la televisión y llévalo a tu casa. Dile que puede conseguir su control remoto de regreso después de que haya patrocinado sus primeros cuatro distribuidores, o después de que hayan adquirido sus primeros cuatro clientes.

Cuando tu nuevo distribuidor mire la televisión que no enciende, pensarán en promover su negocio.

#27. Usa certificados de regalo para asegurar prospectos.

Dos grandes razones para usar certificados de regalo en tu negocio:

1. No sólo los prospectos y clientes los usan personalmente, pueden entregar los certificados a otros. Esto expande tu mercado más allá de tus contactos personales. Es como si otras personas hicieran la prospección por ti.

2. Si tu prospecto tiene un certificado o un cupón de descuento, no querrá pagar el precio total a un competidor. Puedes esperar una llamada de un comprador motivado.

Algunos ejemplos de certificados de regalo o cupones que puedes crear.

Usa tu imaginación. Considera esto como un gasto en publicidad para conseguir un cliente o un distribuidor a largo plazo. Aquí tienes algunas ideas:

* $___ de descuento en tu primera factura de telefonía móvil.

* Frasco de minerales gratis en la compra de un frasco de vitaminas.

78

* Cena gratis para dos, incluye muestras de "Mata-grasa" y video.

* Lápiz labial y facial completo por sólo ___$.

* Lavado de auto gratis mientras asistes a nuestra presentación de negocio de 30 minutos.

* Niñera gratuita mientras asistes a nuestro entrenamiento de negocio sabatino.

* Facial gratis en la compra de tu faja.

Estas ideas para certificados de regalo se ponen mejores.

Haz que los clientes te **paguen** y hagan redes por ti.

Un cliente tuyo compra un certificado como obsequio para un amigo. El amigo se convierte en tu cliente. Ahora tus clientes están prospectando y haciendo redes por ti.

Así que haz todo lo que puedas para poner certificados de regalo en las manos de tus clientes.

Tal vez tendrás que descontar tu producto o servicio, o inclusive ofrecer algo extra como adicional para introducir a tu cliente a la compra del certificado. Tal vez tendrás que pagar $10 de tu bolsillo para hacer que el certificado tenga un valor genial. ¿Y qué?

Tu inversión es una manera para prospectar de bajo costo. Mucho más barato que una campaña de publicidad.

#28. Premio de cena gratis para conseguir un cliente nuevo de producto.

Si estás en un presupuesto apretado, prueba con esta idea.

Encuentra un dueño de restaurante que tenga hijos. Ofrece pagar una niñera por dos horas a cambio de un certificado por dos cenas. A los dueños de restaurantes les encantará la oferta, ya que las cenas sólo les costarán un pequeño porcentaje del precio público.

Luego, toma los certificados y ofrécelos a un nuevo prospecto por convertirse en cliente nuevo para tus productos. Por ejemplo, si tu producto cuesta $30, agregarías los certificados del restaurante como un adicional. El cliente recibe tu producto de $30 MÁS $30 en certificados para dos cenas.

¿Cómo podría un prospecto rechazar esta genial oferta?

Qué manera tan buena de expandir tu cartera de clientes. Usuarios felices de producto son fáciles de convertir en distribuidores para tu negocio.

#29. Pescar en una pecera.

¿Puedes predecir tu futuro mirando una bola de cristal? Tal vez no. Sin embargo, puedes crear un gran futuro en la prospección si miras dentro de una pecera.

Muchos de nuestros lectores han utilizado esta técnica de *Comienza a Hacer Super-Redes* para encontrar miembros para sus grupos personales de referidos. ¿Pero sabías que puedes usar este método para encontrar prospectos para tu negocio también?

Los restaurantes a veces promueven su negocio ofreciendo un sorteo para una comida gratis. Las personas de negocio colocan sus tarjetas de presentación en una pecera, con la esperanza de ganar esa comida gratis.

Después del magno sorteo (la comida gratis), las tarjetas de presentación se arrojan a la basura para poder comenzar el sorteo del próximo mes.

¿Quieres prospectos con experiencia real de negocios? No hay problema.

Encuentra varios restaurantes en tu área que atiendan el mercado de comidas ejecutivas y comienza a usar la estrategia de la pecera.

Cada restaurante atrae diferentes personas de negocio de los alrededores. Significa que entre más restaurantes encuentres, más prospectos puedes alcanzar.

Pregunta al encargado: –¿Qué hacen con todas esas tarjetas de presentación después del sorteo?

Escucharás: –Oh, las desechamos.

Puedes decir entonces: –Déjame quitarte esas viejas tarjetas de tu vista.

Prepárate para salir con pilas de tarjetas de presentación de personas de negocio experimentadas que podrían ser tus próximos mejores prospectos.

¿Qué hay en una tarjeta de presentación? Nombre, compañía, dirección de trabajo, y teléfono de contacto. Algunas veces incluso un número casero. Y usualmente hay por lo menos una pista de su ocupación.

¿Pero qué sabes sobre estas personas que dejaron su tarjeta?

Para comenzar, todos tienen empleos que interfieren en su semana. Probablemente les gustaría estar haciendo algo más con su tiempo. Tal vez podrían estar pescando, pasando tiempo son sus hijos, de compras, viajando, o con pasatiempos interesantes. Pero sabemos esto… ¡su trabajo les está quitando demasiado tiempo valioso!

¿Estas personas están bien pagadas o mal pagadas? Si hicieras una encuesta, todos dirían que su jefe les paga mucho menos de lo que valen.

¿Estas personas adoran trabajar duro para su jefe se compre una casa enorme para su jubilación? ¿O preferirían estar trabajando para construir sus propias casas para su retiro?

¿A estas personas les encanta levantarse temprano por la mañana, dejar a sus familias y luchar contra el tráfico ida y vuelta a la oficina? No. Les encantaría levantarse cuando estén cansados de dormir, y trasladarse de su habitación a la sala.

Sí, sabes mucho sobre estas personas. Quieren una vida mejor. Alguien necesita darles una opción. Podrías ser tú.

¿Cómo podrías contactar a estas personas sin meter en problemas al restaurante? Prueba una breve nota como esta:

*****

Estimado _____,

¿Recuerdas haber dejado tu tarjeta de presentación para obtener una comida gratis?

Bien, lamento informarte que no fuiste el ganador de la comida de esta semana, ¡pero sí ganaste! Ganaste el segundo premio, ¡por cuenta de mi compañía!

Sólo por ser aventurero y dejar tu tarjeta de presentación, aquí está tu cupón para un (tu obsequio) gratis, con un valor comercial de $____.

Este _____ gratuito te ayudará a:

* Beneficio 1. (Usa los mejores 3 beneficios de tu oferta)

* Beneficio 2.

* Beneficio 3.

Llámame al XXX-XXX-XXXX para hacer válido tu cupón durante los próximos cinco días, y ¡te invitaré un postre!

Atentamente,

Juan Emprendedor

*****

¿Qué es lo que les estás dando como segundo premio?

* Tal vez es es tu audio de reclutamiento, *Cómo Comenzar Tu Propio Mega-Negocio Con Una Micro-Inversión.*

* Tal vez es el audio sobre el último producto de nutrición de tu compañía con un cupón de descuento.

* Tal vez es un reporte especial al que titulas Instructivo Personal para Emprendedores.

* Tal vez sea una muestra de siete días de tu producto más vendido.

El premio está diseñado para decirte si la persona tiene una chispa de interés en lo que ofreces.

Ya que las personas son demasiado perezosas como para reclamar pequeños premios de esta naturaleza, sólo los prospectos más interesados llamarán para reclamar su premio. Y cuando recibas la llamada de ese prospecto interesado, asegúrate de repetir tu oferta del postre gratis si se reúnen cara a cara. Siempre es mejor reunirte con tu prospecto en persona.

Esta técnica te ayudará a conseguir citas para comer con personas de negocios. Tus tardes y noches estarán libres para más presentaciones.

¿Quieres contactar a los mismos prospectos de nuevo?

Fácil. Al final de tu primer correo electrónico, menciona, "Por cierto, automáticamente has entrado al concurso de la próxima semana." ahora estarán en espera de tu próximo correo. Y, ¿quién sabe?, tal vez la próxima semana la situación cambie y tu correo llegue en el día perfecto, en el momento perfecto, para este prospecto.

Pero los restaurantes en mi área no tienen una pecera para las tarjetas de presentación.

No hay problema. Crea tu propia campaña. Y puesto que es tu campaña, puedes ser más selectivo en cómo atraes nuevos prospectos.

Piensa sobre los prospectos con los que quieres hablar. ¿Qué tal si tuviesen estas cuatro características?

1. Son prospectos locales. Si alguien deja su tarjeta en el restaurante local, es probable que vivan o trabajen localmente. Es más fácil de conversar y entrenar a los prospectos locales. Puedes hacer que asistan a la junta de oportunidad con prospectos. Pueden asistir a tus talleres de entrenamientos. Y, se pueden reunir y conversar compartiendo un café. Esta es una relación completamente diferente a sólo hablar con alguien por teléfono.

2. Los prospectos tienen un empleo o pequeño negocio. Tienen dinero para poder comenzar, para muestras, productos y para promociones. Las personas con trabajos tienen amigos y compañeros, un mercado caliente perfecto, incluido, listo para ser contactado cuando comienzan.

3. Odian sus trabajos y desean hacer algo más en su vida. Debido a que detestan donde están actualmente, pueden tener una mente más abierta sobre una oportunidad con tu negocio. La falta de satisfacción es un motivador para el cambio.

4. ¡Incluso nos dijeron por qué odian sus trabajos!

¿Dónde puedes encontrar estos prospectos?

Bien, podríamos entrar a un gran edificio de oficinas y pasar lugar por lugar hablando con los empleados insatisfechos. Pero, seguridad nos echaría de inmediato.

Así que, usaremos la pecera. Pero, haremos un poco de selección previa de estos prospectos y no les pediremos sus tarjetas de presentación. En lugar de eso, les pediremos llenar una pequeña forma para un sorteo de una comida gratis.

Primero, conseguimos que el dueño del restaurante nos permita colocar la pecera cerca de la caja registradora. Piensa sobre la ubicación. ¿No sería genial si el restaurante estuviese dentro o cerca de un enorme edificio de oficinas o fábrica? Todos los días los empleados reciben un descanso de 45 minutos o una hora para salir de sus trabajos y comer algo. Puedes ofrecer regalar una comida gratis. Es menos costoso que una cena. De nuevo, si queremos conseguir buenos prospectos, debemos de ir donde los prospectos están.

Podríamos decir esto al dueño o encargado del restaurante: –¿Estaría bien si regalo algunas comidas?– El dueño puede decir: –Seguro, puedes regalar las comidas que quieras, pero sólo si pagas por ellas.– Bueno, suena justo.

¿Todos los restaurantes te permitirán hacer esto? No, pero algunos lo harán.

Qué usarás en la pecera para que los prospectos la noten? Podrías decir:

"¡Gane una comida GRATIS!"

Eso es muy simple. Usa tu imaginación. Tal vez podrías hacer que el anuncio en la pecera vaya de acuerdo a tu negocio o producto.

¿Cómo luce tu formulario de registro? Primero, hazlo simple. Las personas están deprisa, así que sólo pide información básica, y asegúrate que la información no es muy personal. Por ejemplo, si pides números telefónicos, pueden estar temerosos de llenar tu formulario. Temen el acoso de vendedores que los presionen por teléfono.

Mientras que depende de ti decidir la información básica que quieres recolectar, aquí está lo mínimo que vas a necesitar:

A. Su primer nombre. Es todo. Así si envías un correo electrónico de que ganaron la comida gratis, por lo menos lucirá personal.

B. Una dirección de correo electrónico. Diles que necesitas su correo electrónico para notificarles si ganaron la comida.

C. Pide que completen la siguiente frase: "Las razones más fuertes porque no me gusta mi empleo son…"

¡Es todo!

Ahora recolectas esos prospectos del restaurante, y regalas esa comida que prometiste.

Al pedir que los prospectos llenen el "por qué" no les gusta su trabajo en el formulario, ahora tienes información valiosa sobre cómo puedes servir mejor a ese prospecto. Ya sabes qué los motiva.

Y como en los ejemplos previos en este capítulo, puedes premiar al ganador con una comida gratis, y notificar a todos los demás que ganaron el "segundo premio" en tu sorteo.

¿Esto funciona donde sea?

Por supuesto que no. Pero, funcionará algunas veces, incluso si metes la pata.

Una mujer nos envió un correo electrónico describiendo su experiencia con esta técnica. Ella colocó su pecera en una pizzería, no es el mejor lugar para trabajadores. También, les pidió sus números telefónicos.

Incluso cuando no siguió las instrucciones, aún así obtuvo clientes y distribuidores.

¡Usa tu imaginación!

#30. Piensa global – trabaja local.

Barb Pitcock me dio su estrategia para personas que usan listas de prospectos. Ella le aconseja a los distribuidores conseguir listas locales. Muchas compañías de listados y proveedores de internet pueden clasificar sus prospectos por área.

Si los prospectos son locales, es más fácil telefonear con ellos y construir una relación. ¿Por qué volar 1,000 millas para conocer a un buen prospecto cuando puedes reunirte localmente y tomar un café?

Hablando de listas de internet, una vez escuché a un profesional de internet decir que lo primero que debes de hacer con un prospecto de internet es sacarlo de internet. Contactarlos rápidamente por teléfono para distinguirte de todos los correos que reciben diariamente.

Recuerda, hay una jerarquía en la comunicación:

Nivel Uno: Correo electrónico (lo más bajo). Comunicación de una vía.

Nivel Dos: Video, sitio web, audio (mejor). Todavía es comunicación de una vía.

Nivel Tres: Teléfono (mucho mejor). Comunicación de dos vías. Puedes escuchar el tono de su voz.

Nivel Cuatro: Video llamada o Skype (ver y escuchar). Comunicación de dos vías. Puedes ver la expresión en sus ojos.

Nivel Cinco: En persona (casi lo mejor). Es difícil ser maleducado con alguien en persona.

Nivel Seis: En persona con alimentos. (Es la mejor experiencia para hacer lazos.)

¿En qué nivel te comunicas?

Siempre intenta comunicarte en el nivel más alto que tengas disponible. Y si ves un prospecto que tiene algo de sobrepeso, piensa para ti mismo:

–Hey, sería un empresario de redes genial. ¡Le encantaría reunirse a comer con sus prospectos!

#31. Escoge tu asiento.

¿Quieres sentarte con todavía más prospectos?

Cuando vueles, trata de no pedir el asiento de la ventana o el del pasillo. En lugar de eso, pide el asiento del medio. De esta forma tendrás un prospecto a cada lado.

¿Cómo consigues el correo electrónico de tus prospectos? Fácil. En algún momento de la conversación, ofrece enviarles información valiosa que puedan querer. Por ejemplo:

* Un sitio de viajes con buenos precios.

* Un sitio con consejos de viajes.

* Una receta.

* Algunas bromas de viajes.

Menciona que no tienes la información contigo, pero que se las enviarás por correo a la dirección que te den. Entonces, usa un archivo de firma creativo para enviarle al prospecto tu información de ventas.

¡Y esto no es sólo para aviones!

En cualquier evento en vivo, selecciona cuidadosamente tu asiento. Busca el lugar donde puedas cómodamente conocer a más personas.

#32. Agentes de bienes raíces.

Deja que el agente de bienes raíces te envíe prospectos calificados.

Haz una parada en la oficina local de bienes raíces. Ahí siempre habrá vendedores solitarios en espera de una llamada telefónica de uno de sus anuncios.

Toma asiento y pasa algunos minutos con uno de los vendedores aburridos y construye un poco de afinidad. Haz una o dos preguntas sobre el negocio, cómo encuentra prospectos, etc.

Luego, pregunta al vendedor: –¿Cuanta comisión ganas de las personas que no pueden costear comprar la casa que desean?

Te responderá: –Nada. Si no califican para el préstamo del banco, no hay venta.

Luego, prueba con esta propuesta. Dile: –Tengo un plan. Ahora, esto quizá no ayude al comprador para calificar para una casa en un día, pero podría colocarlo en una posición para calificar en unos meses. ¿Eso estaría bien?

El vendedor usualmente dirá: –Seguro. Eso estaría bien. Una venta en unos meses es mejor que nada. ¿Cómo es el plan?

Esto es lo que le puedes decir al vendedor:

–Digamos que tu comprador no tiene suficiente ingreso para calificar para los pagos mensuales, o no tiene suficiente dinero para el pago inicial, o necesita unos pocos dólares más al mes para limpiar algunos de sus problemas de crédito en el pasado. Si ese es el caso, podrías decirle esto a tu comprador: –Tengo un amigo que se llama (usa tu nombre aquí). Es muy agradable. Te va a caer bien. Él ayuda a las personas a ganar algo de dinero extra cada mes al comenzar su propio negocio de medio tiempo. Esto te puede dar dinero extra para calificar para la casa de tus sueños. Aquí está su número telefónico. Llámale. Es un tipo ocupado, pero te va a gustar hablar con él. Me aseguraré de que reciba tu número de teléfono la próxima vez que nos reunamos, en caso de que no sea posible que lo contactes.

¿Qué ocurre después?

Puedes tener un prospecto calificado para tu negocio. El agente de bienes raíces puede hacer una venta con este prospecto en unos meses cuando el prospecto comience a ganar más dinero. Esto es una situación ganar-ganar.

Cuando el prospecto te llame, la conversación puede sonar algo como esto:

Prospecto: –Hola, ¿estoy hablando con (tu nombre)?

Tú: –Sí.

Prospecto: –El agente de bienes raíces me dijo que te llamara. Dice que tú ayudas a la gente a comenzar su negocio de tiempo parcial y ganar dinero extra. ¿Es correcto?

Tú: –Sí.

Prospecto: –Suena genial. ¿Podríamos reunirnos en algún momento para charlar?

Tú: –Sí.

Prospecto: –Tengo un trabajo de tiempo completo, pero tengo libres los fines de semana. ¿Podemos reunirnos para un café el sábado por la mañana?

Tú: –Sí.

Prospecto: –Genial. Reunámonos en el Hot Cup Café de la Calle Maple a las 9am. ¿Estaría bien para ti?

Tú: –Sí.

Ahora, no tienes que tener habilidades grandiosas para el teléfono cuando los prospectos están suplicando por una cita. Ahora tienes prospectos de calidad, buscándote.

El agente de bienes raíces no es la única persona que te puede ayudar. Sólo piensa en todos los otros profesionales que conocen personas de calidad que necesitan algo de ingreso extra.

#33. Una sutil herramienta de prospección.

–¿Hay algún método único de prospección que pueda usar para resaltar de la multitud?

Intenta usando tu boletín informativo personal en lugar de tu video, audio o folleto. ¿Por qué?

Los videos, audios y folletos son comerciales de tu negocio.

Tu prospecto lee o escucha con resistencia a las ventas.

Si tu prospecto recibe una copia de tu boletín informativo personal, no es percibido como un comercial. En lugar de eso, el prospecto siente que está mirando a hurtadillas dentro de tu negocio. Puede ver:

* Cómo le va a tu negocio.

* Cómo le va a otras personas que patrocinas.

* Testimonios geniales de productos o servicios.

* Un artículo positivo en las noticias que se relacione con tu producto.

* Quiénes son los mejores productores.

* Anuncios nuevos de tu compañía.

* Cómo tu nuevo socio pagó en efectivo las vacaciones de Navidad.

* Historias personales sobre personas que se unieron a tu oportunidad.

* Detalles sobre el viaje gratis de la compañía.

* Cómo John y Mary renunciaron a sus empleos y ahora están en casa con sus hijos.

Puesto que tu boletín informativo no es un comercial, obtendrás la atención completa de tu prospecto. Así que trata de enviar tu boletín informativo a tus prospectos de manera regular. ¿Quién sabe? Tal vez tu boletín llegue el día que tu prospecto decide hacer un cambio en su vida.

¿Piensas que esta idea causará un cambio en cómo luce tu boletín informativo? ¡Genial!

O tal vez esta idea te motive a escribir tu propia boletín informativo. ¡Genial!

La mayoría de los empresarios de redes piensa que debe de tener una organización grande antes de escribir su primer boletín informativo. Pero están perdiendo el punto.

Si usas tu boletín como herramienta de prospección, querrás escribir tu propia boletín ahora.

¡Pero no puedo escribir!

Entonces haz una versión en audio o video. Tal vez sea más fácil para ti. Crea una actualización rápida de 4 minutos sobre tu negocio.

Es fácil para que tu prospecto diga: –Seguro, envíame una copia de tu boletín informativo.– Sin presión. Sin guiones de venta.

Pero una constante exposición hacia ti, tus productos o servicios, y tu oportunidad se acumulará durante el tiempo. Cuando el momento sea el correcto para ellos, tus prospectos "verán lo que tú ves" y querrán contactarte.

#34. ¡Dónde conseguir una lista de emprendedores trabajadores!

En muchos lugares, los emprendedores que comienzan su propio negocio usan un "nombre falso" tal como: AAA Plomería, Limpieza de Tapicería Ace, Servicios de Mantenimiento John, o Techos La Cima del Mundo. Muchos lugares requieren que un negocio tenga un nombre falso para los registros del archivo público.

¿Archivo público? Hmmm, suena como a una lista genial de prospectos, ¿no es así?

Aquí tenemos una lista de emprendedores que de hecho actúan sobre sus sueños. ¡Wow!

Pero no tan rápido. Nuestro amigo Craig Tucker recomienda contactar a los emprendedores un año después de su registro inicial. ¿Por qué?

Debido a que en el primer año, los emprendedores están emocionados y enfocados en su nuevo negocio. Pero después de un año, la realidad se acomoda. Ahora ven los problemas de las nóminas, licencias, permisos, largas horas, contabilidad, etc.

Todavía tienen un sueño empresarial, pero desean una solución más simple.

Las redes de mercadeo son más simples y menos riesgosas que la mayoría de los negocios tradicionales.

Recuerda, la mayoría de las personas son desertoras.

Podrías pensar: –Bueno, ¿qué tal si otra persona recibe la misma lista del archivo público? Quiero hablar con personas frescas que no han sido contactadas por otros.

No te preocupes.

Toma tiempo y esfuerzo dar seguimiento con cualquier lista de personas. La mayoría de las personas se rinden después de unas pocas llamadas. Comienzan con los nombres por la letra "A" y tal vez lleguen incluso a unas pocas letras más. Y después, renuncian.

Así que si quieres hablar con prospectos más frescos, jamás tocados por los débiles desertores, haz esto.

Cuando obtengas tu lista de prospectos, ¡comienza desde atrás! Comienza con la letra "Z". La mayoría de los desertores jamás llega tan lejos y los prospectos están prácticamente intactos.

#35. Piensa fuera de la caja.

Una distribuidora ultra-innovadora quería colocar una publicidad local en línea. Desafortunadamente, el sitio no permitía anuncios para oportunidades de negocio.

Así que, salió con otro plan para atraer prospectos. Ella no permitiría que los problemas como éste se entrometieran en su camino.

Aquí está su solución.

Ella publicó su anuncio en la sección de "Mujeres Buscando Hombres" del sitio. Esto es lo que decía el anuncio:

*****

Se Busca: un hombre que fue una vez exitoso, lo perdió todo, ¡y está comenzando de nuevo!

¿Qué fue eso? ¿Desempleado o pronto a serlo? ¿Lo perdiste todo? ¡Por mí está bien!

Yo sé que tienes agallas y pasión, pero las cosas pasan. Lancé otra compañía cuatro años atrás y está creciendo como loca y no la puedo manejar sola. Necesito un hombre.

La verdad es que, a los hombres les va mejor en mi industria. Estaba pensando que sería lindo si pudiera encontrar un hombre que quisiera reconstruir su propia vida y trabajar juntos. Amo el flujo de dinero como todos los demás y estoy dispuesta a trabajar por ello.

Estoy interesada en emprendedores o ejecutivos de negocios. No estoy aquí para rescatar a nadie –¡estoy aquí para lanzarte de vuelta a la grandeza y divertirnos en el viaje! Envía un correo electrónico si te interesa saber más.

*****

Publicó su anuncio a media noche.

Tenía 300 respuestas para el medio día, sólo 12 horas después.

Hubo varias respuestas raras que descartó rápidamente, pero patrocinó casi 10% de las respuestas calificadas.

Ella siempre preselecciona a través de las redes sociales y se reúne con los prospectos en lugares públicos.

No permitas que los obstáculos te detengan.

Esta mujer pudo haberse dado por vencida y no colocar su anuncio para nuevos prospectos. En lugar de eso, ella creó la solución a su problema. Y sólo piensa, ¿cuántos sitios de relaciones hay en internet que podría usar?

Esta mujer pudo haber elegido renunciar cuando la gente le dijo "Publicidad en internet no funciona". Pero lo que estas personas negativas están diciendo es "<u>Nuestra</u> publicidad en internet no funciona."

Un poco de creatividad y habilidad puede separarnos de la multitud.

#36. Cómo resaltar frente a tu competencia.

Si vendes productos de dieta, ofrece comprar la comida para tu cliente en un restaurante local. (Asegúrate de que tengan una sección baja en calorías.)

Si vendes productos de limpieza, ofrece una sirvienta para tu cliente durante unas horas. (La sirvienta podría estar felíz por la oportunidad de conseguir un nuevo trabajo.)

Si vendes productos para el cuidado del cutis, ofrece a tu cliente una cita gratuita con el estilista local. (El estilista podría estar felíz por la oportunidad de conseguir un nuevo cliente.)

Si vendes servicios de viaje, invita a tu prospecto a una fiesta de viajeros frecuentes.

¿Ves la imagen? Invierte un poco en tu cliente original. ¿Por qué?

1. Es más fácil mantener un nuevo cliente cuando ofreces una propuesta asombrosa.

2. Tienes la oportunidad de varias ventas con este cliente satisfecho.

3. Es más fácil conseguir nuevos distribuidores de clientes satisfechos que de prospectos en frío.

#37. Conviértete en una cartelera ambulante.

Está bien, esto puede ser un poco excesivo. Si tus "prendas" sobresalen, lucen diferente, son fuera de lo ordinario o atraen la atención, bueno, ¿qué puede ser más divertido que tener prospectos llegando contigo y preguntando sobre tu negocio?

Imagina que ves a alguien con una camiseta de fútbol de tu equipo local. No notarías a esa persona mientras camina frente a ti. Pero, si ves a alguien en el partido con la camiseta del equipo contrario, definitivamente notas a esa persona.

Y, si observas a alguien con la camiseta de otro equipo, con su rostro pintado, peluca afro, y con protectores de hombros, realmente lo notas. ¡Lo diferente capta la atención!

En silencio, te haces preguntas como:

* ¿Esta persona esta cuerda?

* ¿Por qué está en este partido?

* ¿Por qué es un súper-fan de su equipo?

Algunas veces nuestra curiosidad nos gana y simplemente tenemos que comenzar a hacerle preguntas a esa persona. ¡La conversación ha comenzado!

¿Cómo funciona esto en nuestro negocio?

Una de las compañías de redes de mercadeo más grandes del mundo creció con la simplicidad de que las personas usaran un botón. Hacía que las personas preguntaran y comenzara una conversación. Los prospectos venían hacia ellos.

¿Tienes acceso a una camiseta que cree una conversación? Si tu compañía no ofrece una, ¿puedes encontrar una camisa genérica que cree conversaciones?

¿Todos mágicamente preguntarán sobre tu camisa? No. Sólo las personas que estén interesadas. Los nuevos distribuidores lo encuentran más fácil cuando las personas les están haciendo preguntas por más información.

¿Qué tal si no puedes encontrar una camisa genial?

Entonces crea tu propia camisa o "prenda" que comience conversaciones. Puedes personalizar, imprimir y bordar casi lo que sea. Piensa más allá de una camisa. Considera:

* Sombreros.

* Chaquetas.

* Bufandas.

* Botones gigantes.

* Guantes.

* Bolsos.

* Portafolios.

* Tarjetas de presentación gigantes.

¿Tarjetas de presentación gigantes?

¿Por qué no hacer tus tarjetas de presentación del tamaño de una tarjeta de felicitación? Las personas definitivamente notarían tu tarjeta.

Si decides usar una tarjeta de presentación de tamaño regular, compra algunos sujetadores laminados en la tienda de suministros de oficina. Perfora un agujero y colócalo en un porta-llaves. Acabas de encontrar una manera rápida y barata de vestir tu tarjeta.

¿No eres fan de portar tu tarjeta de presentación alrededor del cuello? Coloca el llavero en la correa del bolso, tu mochila para laptop, bolso de mano, lo que sea que utilices de manera regular.

Tienes que salir casi a diario de todas formas. Es mejor que lleves a cabo algo de publicidad gratuita mientras realizas tus diligencias rutinarias.

Publicidad en tu vehículo.

Una calcomanía o anuncio en el carro promociona tu sitio web o número telefónico. Usualmente un número telefónico funciona mejor. Tu calcomanía en la ventana o anuncio para el carro debe de tener un encabezado, o razón de contacto inmediato, de cinco o cuatro palabras.

107

Tu mensaje debe de ser breve. Muy breve. Si tu mensaje es muy largo, las palabras se hacen muy pequeñas para leer y no se pueden leer rápidamente.

Enfócate sólo en un producto o un beneficio de ese producto para hacer el mensaje breve.

Por ejemplo, si vendes galletas, tu mensaje diría:

"Come galletas – pierde peso"

Si vendes productos para el cuidado del cutis:

"Borrador instantáneo de arrugas"

Si estuvieses buscando prospectos para tu negocio:

"Súper trabajo - medio tiempo" o "¡Despide a tu jefe!" o "¡Fines de semana de 5 días!"

Así que enfócate en simplificar tu mensaje a un solo punto de venta nada más.

Ahora, de vuelta a tu carro. Sólo piensa en cuántos carros verán tu mensaje todos los días. Es una sola inversión sin costos subsecuentes. Las calcomanías para ventanilla son baratas, pero si ves que funciona, considera una envoltura completa para tu carro. Ahora tienes suficiente espacio para publicitar. Algunos distribuidores reportan haber recuperado la inversión de la envoltura del carro completo con negocio nuevo en sólo pocos meses.

Si tu carro atrajera más prospectos hacia ti diariamente, ¿a dónde lo conducirías? ¿Dónde lo estacionarías? ¿En el espacio cerca del transporte urbano? ¿Al lado del gimnasio?

¿Pero por qué no ir un paso más allá para incrementar tu exposición? Piensa en cuántos prospectos más tendrías si tu mamá, tus amigos, y tu repartidor de pizzas, ¡colocaran tu calcomanía en la parte trasera de sus coches también!

Cómo resaltar en un ambiente superpoblado.

Un restaurante en Chicago regaló 1,000 tazas de café con su nombre impreso en ellas. ¿El costo? Menos de $1,500.

Genial publicidad... y fue publicidad barata. Todos los días hasta 1,000 clientes potenciales verían la publicidad del restaurante mientras tomaban su café matutino. Tal vez los clientes potenciales podrían pensar:

–Hmmm. ¿Me pregunto a donde podremos ir a cenar mi esposa y yo esta noche?

Puesto que muchos restaurantes tienen un costo de comida de un 33%, hagamos los números. El restaurante tendría que vender alrededor de $2,250 en comida para salir a mano. Eso es como 200 comidas, o sólo 100 parejas visitando el restaurante una sola vez.

¿La realidad? Más de 100 parejas fueron al restaurante. Varias veces con sus amigos. Y muchas de las parejas se convirtieron en clientes regulares.

Sí. el dinero siguió llegando.

Pero que tiene que ver esto con mi viejo amigo, Dave Feldman? Bueno, recibí un paquete en el correo. Adivina qué había en el paquete.

Una taza de café con una fotografía de Dave y yo. Debajo de la fotografía dice:

Big Al y Dave
Amigos MLM Por Siempre

Olvidada quedó la vieja taza del restaurante y ahora uso la taza con nuestra foto. Y recuerdo a Dave a diario.

Sigiloso, pero muy efectivo marketing.

Todos usan tazas. Algunas personas toman café o chocolate caliente y otras personas usan las tazas para almacenar lápices o plantar algo. Todas estas tazas podrían tener tu mensaje especial o tu fotografía.

¿Qué puedes colocar en tus tazas especiales?

Podrías publicitar tu oportunidad, productos o servicios. Imagina los siguientes mensajes impresos en tus tazas junto con tu número telefónico:

* ¿Por qué no ser tu propio jefe?

* ¡Consigue tarifas de larga distancia de regalo!

* ¿Momento para un cambio de carrera?

* ¿Me están pagando lo que valgo?

* La próxima vez, planearé mis propias vacaciones.

* Piel hermosa y joven en sólo 17 segundos.

O te puedes poner más creativo.

* Gracias por ayudarme con mi negocio. (Agrega tu fotografía.)

* ¿Cansado del tráfico? (Coloca este en una taza anti-derrame de viajes para que tus prospectos la usen en el auto.)

* Pierde peso mientras bebes. (Quizá vendes café termogénico o té para adelgazar.)

Podrías colocar todo tu plan de compensación en el costado de una gran taza de latte. A los prospectos les encantan esos grandes tazones que usaban en las series populares de televisión, como Friends. ¡Esos tazones de 800ml son masivos!

¿Por qué pelear contra competidores al gastar mucho dinero en publicidad, listas de correo electrónico, anuncios en redes sociales, etc, cuando puedes tener **toda** la atención de tu prospecto? No tienes que pelear en un campo superpoblado. Crea tu propio campo de juego exclusivo.

Piensa:

"¿Dónde más puedo tener la atención total de mi prospecto?"

Aquí hay algunas ideas para que comiences con tus promocionales.

* Esferas para la antena del auto.

* Mochilas para niños.

* Globos.

* Tarros de cerveza.

* Sujetadores de bebidas.

* Hieleras.

* Calculadoras.

* Calendarios.

* Gorras.

* Calcomanías.

* Botiquín de primeros auxilios.

* Banderas.

* Lámparas de mano.

* Tapetes.

* Raspadores de hielo.

* Llaveros.

* Etiquetas para el equipaje.

* Anuncios magnéticos.

* Blocs de notas.

* Tapetes para mouse.

* Bolsas de papel o plástico.

* Pisapapeles.

* Plumas y lápices.

* Papelería personalizada.

* Pastilleros.

* Manteles.

* Naipes.

* Rompecabezas.

* Imanes para refrigerador.

* Cojines de asientos.

* Playeras.

* Toallas.

* Sombrillas.

* Relojes pulsera.

* Botellas de agua.

Esta técnica promocional es fácil. Todo lo que tienes que hacer es preguntarte esto:

"¿Dónde más puedo tener la atención total de mi prospecto?"

Entonces, afina tu encabezado o mensaje para atraer la atención favorable hacia tu oferta.

Sólo recuerda mantener tu mensaje corto. ¡No hay mucho espacio para un largo encabezado en un llavero!

#38. Cómo usar un "perro de caza" sin ser un cazador.

Los "perros de caza" no sólo son para cazadores. Los vendedores los usan todo el tiempo. ¿Por qué tú no?

Aquí está cómo un empresario, Joe, convirtió a cada prospecto en una máquina de prospección para su negocio. Como todo vendedor de autos, tenía sus tarjetas de presentación regulares. En el frente de la tarjeta, tenía su información de contacto más este mensaje:

¡$100 Por Cada Auto Nuevo
Que Me Ayudes A Vender!

Al reverso de la tarjeta, tenía esta oferta como "perro de caza":

¡Querido Joe, por favor trata bien a mi amigo_____!

Y si haces la venta, ¡trátame bien!

Nombre_____

Teléfono_____

Incluso si no le compraste un auto a Joe, él te ponía a trabajar. Cuando saliste de ahí con una pila de tarjetas de presentación en la mano, te quedaste pensando: –Quizá deba comprar mi coche con alguien que esté dispuesto a pagarme algo de dinero– O pensaste "Wow. Puedo ganar $100 si encuentro a alguien que esté pensando en comprar un auto. Apuesto a que tengo un par de amigos que pueden calificar ahora mismo".

¿Podrías hacer esto en tu negocio?

Esto funciona muy bien en redes de mercadeo debido a que no todos quieren construir un grupo o incluso usar tus productos. Sin embargo, no les importaría ganar algo de dinero al referir prospectos contigo. Sabemos de distribuidores que rápidamente agregaron cientos de dólares a sus ingresos sólo de este tipo de referidos.

Estos "perros de caza" piensan en ti cuando alguien menciona tu línea de producto o comienza un nuevo negocio, y les dicen a sus contactos que te hagan una llamada. No sucede todos los días. Pero tarde o temprano, alguien en tu manada de "perros de caza" escuchará algo que le dará una chispa a su memoria. Si suficientes de tus perros de caza están allá afuera "cazando", podrías estar haciendo negocio cada semana o diariamente de esta red.

La belleza del sistema de "perro de caza" en redes es que sólo pagas el bono en la primera venta. La mayoría de tus nuevos clientes terminarán comprando de ti una y otra vez.

¿Cómo puedes usar esta estrategia como ventaja?

Haz que el reverso de tu tarjeta de presentación le recuerde a las personas sobre la recompensa de referir personas a tu negocio. Haz que sea lo último que le dices a las personas cuando concluyes una reunión de prospección "no exitosa".

A un prospecto no interesado, podrías decir: –Mary, yo sé que no quieres hacer el negocio ahora, pero quiero decirte cómo aún así puedes ganar algo de dinero. Está justo aquí al reverso de mi tarjeta de presentación. ¿Cuántas de estas tarjetas te puedo dar? ¿Está bien cinco?

O al final de una llamada telefónica con un prospecto no interesado, podrías decir: –Mary, yo sé que no quieres hacer el negocio ahora, pero quiero decirte cómo aún así puedes ganar algo de dinero. Está justo aquí al reverso de mi tarjeta de presentación. ¿Cuántas de estas tarjetas te puedo enviar?

¿Qué podrías ofrecer?

Aquí hay algunas ideas.

* Podrías ofrecer $25 en efectivo por cada constructor de negocio que alguien te refiera. Asegúrate de que haya ciertos criterios que este constructor de negocio reúna antes de gastar tu dinero. Deberías establecer un objetivo mínimo, tal como comprar un paquete de distribuidor y $100 en producto. O, tal vez requieras que el constructor de negocio esté en el programa mensual de auto-envío.

* Digamos que un cliente te refirió a un nuevo cliente. Podrías ofrecer pagar la orden del próximo mes de tu cliente que refiere. Valdría la inversión para tener un nuevo cliente de largo plazo.

* Comprar la cena para cualquiera que refiera a un prospecto que se una a tu negocio. Si terminas comprando muchas cenas en el restaurante local, posiblemente el

dueño quiera unirse, o al menos apoyarte a encontrar aún más referidos.

* Recuerda, la comisión de intermediario para tu "perro de caza" no tiene que ser dinero siempre.

La persona promedio conoce unas 200 personas.

Piensa en ello de esta manera. No quieres hablar con las 200 personas que conoce tu cliente. Sólo quieres hablar con los cinco o diez que están en el momento correcto y tienen interés. Es por eso que los "perros de caza" son geniales. Ellos pueden señalarte las personas adecuadas en el momento correcto.

#39. Audiencias cautivas.

Cómo llenar el salón con prospectos sonrientes.

Un emprendedor dueño de una pizzería podría hacer esta oferta:

"Si tienes '100' en tus calificaciones, ven por pizza gratis este martes por la noche. Sólo trae a tus padres."

¿Por qué el restaurante haría esta oferta? Porque tienen suficientes ganancias con los alimentos y bebidas que los padres ordenan.

¿Podrías hacer la misma oferta?

¿Podrías hacer sociedad con tu pizzería local?

Tendrías una audiencia cautiva de padres. ¿Por qué no dar una pequeña presentación o dar información sobre tu negocio? Después de todo, eres el co-patrocinador.

Y mientras tienes a toda la familia en el salón, explica cómo un ingreso de medio tiempo con tu negocio podría pagarles, ¡para que toda la familia tome las próximas vacaciones en Disney! Haz que los niños se involucren al presionar a sus padres para ganar un poco más para que puedan tener las vacaciones de sus sueños.

¿Pero qué tal si me cuesta $10 por persona?

Quizá el dueño de la pizzería local no tiene una mente abierta, y tienes que pagar $10 por cada adulto que asista el martes por la noche. Este precio aún así es menor que comprar listas de prospectos. Digamos que compras listas por $5 el nombre, y te toma 10 prospectos conseguir una presentación. Esto significa que has gastado $50 sólo para estar frente a una persona "en vivo" para dar una presentación.

Si conduces por la ciudad para reunirte con un prospecto para una taza de café, probablemente te costará $10 en gastos del vehículo, el costo de tu café, el costo de encontrar a ese prospecto, y algo de tu tiempo –sólo para estar frente a una persona "en vivo" para dar una presentación.

¿Notas la tendencia? Cuesta tiempo y dinero ponerte frente a los prospectos. ¿Por qué no sobornarlos?

Por menos de lo que estás gastando ahora para ponerte frente a los prospectos, de hecho podrías invitar a comer a tu vecino de al lado si está de acuerdo en escuchar tu presentación.

Podrías decir: –¿Pero cómo sé si mi vecino de al lado será un prospecto altamente calificado y motivado?

Bueno, no hay garantía. Pero piensa que tampoco hay garantía de que el prospecto que compraste en la lista esté altamente calificado y motivado.

El punto es: observa tus costos al ponerte frente a prospectos calificados.

#40. Sumerge a tus prospectos.

En los 90s, la experiencia "slow food" era popular en Eslovenia y partes de Italia. ¿Qué era la experiencia "slow food"?

El restaurante emite una invitación privada a sus clientes. El restaurante cierra al público durante seis a ocho horas para el evento. El chef explica y demuestra cómo prepara ciertos platillos e invita a los clientes a degustar cada uno. Sólo pequeñas cantidades son servidas ya que se crean y se prueban de 20 a 30 diferentes platillos durante las seis u ocho horas. Por supuesto, todo se acompaña de suficiente vino.

Los clientes pagan unos $50 por la experiencia "slow food" de comer durante varias horas. Los clientes disfrutan conociendo al chef y probando nuevas creaciones, y les encanta la atmósfera social de la ocasión.

¿Cómo puedes utilizar esta idea en tu negocio?

Prueba lo siguiente:

Digamos que vendes productos de dieta. Cobra $50 por una tarde de moldeado de cuerpo. La tarde incluye una clase de aerobics con un instructor personal, una clase de baile, una clase de cocina y una clase de nutrición.

El dinero que recibes es **ganancia** ya que el club de salud provee los instructores y el salón para ayudar a promover su club, y puedes hacer que un representante de utensilios de cocina haga la demostración de cocina. Ahora tienes una audiencia cautiva. Le apuntaste a tu público exacto (desean moldear su cuerpo) y educaste a tu audiencia durante las actividades de la tarde.

Simplemente levanta los pedidos para tus productos de dieta al terminar la tarde.

Si vendes productos para el cuidado del cutis, ¿qué puedes hacer?

Puedes arreglar una tarde de "Cambia Tu Imagen" por sólo $40.

Primero, consigues estudiantes de la escuela de belleza local para arreglar el cabello y las uñas de tus participantes. Necesitan la práctica, y el costo sería mínimo.

Después, provee un orador para una sesión de maquillaje y análisis de color. Por unos dólares más, puedes arreglar para tener un par de niñeras en el evento.

Finalmente, provee algo de comida. Tal vez puedas conseguir a una persona que venda productos de dieta para avivarlo con algunas sabrosas malteadas y una charola de vegetales bien presentados.

Esta sesión de toda la tarde costará mucho menos que una sola visita al salón.

Ahora tienes una audiencia cautiva para tus productos para la piel.

Cuando se corra la voz sobre tu exitoso evento, fácilmente venderás boletos por adelantado para el próximo. ¡Salón lleno!

O, si no tienes los contactos para vender boletos por adelantado, haz que otros profesionales compren boletos que puedan obsequiar a sus clientes como bono. Una boutique de vestidos costosos podría regalar un boleto con cada compra de un vestido caro. O un club de salud podría regalar un boleto como incentivo para probar una membresía por 60 días.

Seminario "Cómo Jubilarte Pronto."

Invita a las personas a que pasen una tarde de sábado con:

* El agente de bienes raíces que le muestre a las personas cómo invertir en bienes raíces locales.

* El agente de seguros que le muestra a las personas cómo ahorrar dinero en su seguro.

* El corredor de bolsa que hablará sobre inversiones a largo plazo.

* El consejero financiero que apoya a las personas a liquidar sus deudas rápidamente.

Los asistentes necesitarán más dinero para invertir y reducir su deuda actual. Así que, ¿por qué no ser el último orador que les muestre a los asistentes cómo crear un ingreso de tiempo parcial con tu negocio? Estarás agregando una opción más a sus vidas.

Estos prospectos desean más, y están dispuestos a hacer algo al respecto. Invirtieron una tarde de sábado. Son prospectos serios.

#41. Anuncio secreto mantuvo mi teléfono sonando todo el día.

Un equipo de redes de mercadeo construyó una campaña entera con el tema "Se Buscan Catadores de Bebidas Energéticas." La compañía introdujo un paquete de varias mezclas de bebidas que competían con otras bebidas energéticas en el mercado.

En lugar de regalar aleatoriamente paquetes individuales del polvo para la bebida energética, el equipo decidió atraer nuevos y ansiosos prospectos para convertirse en clientes. Este fue el anuncio que publicaron:

*****

Se Buscan Catadores de Bebidas Energéticas

¡Muestra gratis a cambio de tu honesta opinión!

Llame a <Primer Nombre del Distribuidor>
al: xxx-xxx-xxxx

O visita xxxxxxx.com para más detalles

*****

Este pequeño anuncio creó una respuesta asombrosa. Una respuesta arrolladora. ¿Quién pensaría que sería tan fácil? Además, todos los números telefónicos y direcciones de correo recolectados fueron verídicos, debido a que los prospectos realmente **querían** que los contactaran de inmediato.

Un distribuidor me contó: –Tengo 198 prospectos locales (a dos horas de mi casa) y 39 prospectos de larga distancia.– Ahora, ¡esos son bastantes prospectos!

Otro distribuidor comentó: –Con este anuncio, las personas se ofrecieron y nos obligaron a tomar sus direcciones y números. No podían esperar a ser catadores.

Ahora, sabes que algo en tu anuncio es bastante bueno cuando no tienes que rogar para que las personas te den sus detalles de contacto. En este caso, la palabra "catador" fue clave para toda la emoción. "Catador" significa gratis, y muchas personas adoran dar sus opiniones. Y, ¿quién no quiere ser el primero en probar un nuevo producto? Sí, hay algo de magia en la palabra "catador."

Y para el distribuidor usando internet, todo lo que hicieron fue enviar a sus prospectos a una simple página de captura para registrar sus detalles. Entonces, el distribuidor llamaría a estos prospectos de vuelta tan pronto como fuese posible.

¿Dónde encontraron los distribuidores a todos estos prospectos?

1. Colocaron anuncios en el área local. Pizarras de avisos, ventanas de restaurantes, almacenes de alimentos y centros comunitarios.

2. Colocaron publicidad en sitios web locales.

3. Hicieron publicaciones en Facebook y otras redes sociales.

4. Imprimieron su oferta en sus tarjetas de presentación.

5. Hicieron cupones para que los comerciantes locales obsequiaran a sus clientes.

6. Hicieron ofrecimientos en clubes de salud.

7. Entregaron cupones y folletos en oficinas de dentistas, lavanderías y restaurantes.

8. Inclusive, entregaron volantes en la estación del tren durante la mañana, a personas malhumoradas y cansadas que iban camino a sus trabajos.

Lo bueno y lo malo.

Primero, lo bueno.

Algunos distribuidores se quejaron: –La publicidad funcionó tan bien, que dejé de anunciar debido a que no puedo costear tantas muestras gratis todavía."

Apuesto que la mayoría de anunciantes querrían tener ese problema.

Estos distribuidores hicieron su orden de muestras y las entregaron en las manos de sus prospectos. Luego, de los nuevos pedidos de su bebida energética, financiaron su próxima compra de muestras.

Crecieron tan rápido como pudieron con un presupuesto limitado, pero rápidamente crearon suficientes ganancias para continuar construyendo con un presupuesto en constante crecimiento.

Ahora, considera esto.

Si el anuncio está funcionando tan bien, y muchos prospectos están llegando, eso sería un gran incentivo para animar a los prospectos a unirse. Podrías decir: –O te patrocino para que apoyes, o tendré que dejar de anunciar. Por favor únete. Ya tengo bastantes personas que quieren hablar contigo.

Ahora lo malo.

Algunos distribuidores dijeron que su anuncio no funcionó. Pero cuando investigamos sus anuncios, encontramos que habían **cambiado** el anuncio. Cambiaron las palabras, o incluyeron algo sobre una oportunidad de negocio.

Esta es una genial lección. No cambies lo que funciona. Por supuesto que está bien hacer pruebas con algo nuevo, pero no digas que la campaña no está funcionando debido a que cambiaste lo que ya funcionaba.

La mayor falla en los cambios fue esta:

Los distribuidores trataban de vender el producto y la oportunidad al mismo tiempo.

Es bueno elegir una o la otra. Es bastante confuso para el nuevo prospecto cuando presentas demasiadas opciones.

Además, lucimos como vendedores. Los prospectos retroceden y entran en modo defensivo, no quieren probar algo nuevo ni cambiar.

Mantener la campaña simple, con una sola opción funciona mejor.

¿Cómo dieron seguimiento con los prospectos?

Después de que probaron la bebida energética, el distribuidor preguntó:

—¿Qué fue lo que más te gustó?

A través de prueba y error, encontraron que esta única pregunta funcionó mejor.

¿Qué ocurrió cuando hacían preguntas diferentes, tales como?:

"¿Qué piensas?"

Las respuestas del prospecto parecían más negativas. El prospecto decía:

—No estoy seguro si me gusta o no.

Cuando les preguntaban qué era lo que **más** les había gustado, los prospectos comenzaban a pensar sobre los mejores aspectos de la muestra que probaron. Los prospectos tendían a enfocarse en los buenos aspectos, sin pensar sobre lo negativo.

Es importante hacer pruebas con diferentes acercamientos y frases de seguimiento. Encuentra las que funcionan mejor, y luego pasa esas frases probadas a tu organización para duplicarlas.

Después de la retroalimentación del prospecto sobre la muestra, los distribuidores preguntaban si querían hacer un pedido. Si decían "No", el distribuidor daba información sobre cómo podían hacer su pedido posteriormente. Si el prospecto decía "Sí", el distribuidor tomaba el pedido.

Pero, ¿qué hay de <u>tu</u> producto o servicio?

Tal vez no vendes bebidas energéticas, pero puedes aplicar alguna o todas las lecciones anteriores en tu negocio. ¿Quieres algunas ideas?

* "Se buscan catadores de fragancias." ¿Vendes fragancias o aceites esenciales? Esto podría atraer a prospectos interesados que aman este tipo de productos.

* "¡Sólo para personas con insomnio!" ¿Tienes un producto que ayude a dormir mejor?

* "¡Debes tener sobrepeso y ser impaciente!" Esto atraería prospectos que buscan bajar de peso, y están deseosos de tomar una rápida decisión.

* "Sólo para personas que tienen más de 20kg que perder." Ahora te estás dirigiendo hacia un cliente para bajar de peso a largo plazo.

* "¿Amas el medio ambiente?" Esto atraería prospectos para productos de limpieza naturales, un producto que reduce las emisiones vehiculares, o soluciones de energía verde.

* "Catadoras de productos para el cutis." ¿Tu línea de productos para el cuidado de la piel produce una diferencia en pocos días? Sólo los prospectos que buscan un cambio llamarán. Esto es importante.

Algunos prospectos no quieren cambiar sus productos actuales para la piel, así que no quieres atraer a estos no-prospectos.

¿Ves el patrón?

Al usar algo de exclusividad en nuestros encabezados, podemos atraer a los mejores prospectos y hacerlos sentir especiales. Estos encabezados hacen que los prospectos sientan que les estamos hablando directamente. Y el mismo tiempo, estamos filtrando todas esas personas que no quieren probar algo nuevo.

¿Pero puedo usar esto para promover mi oportunidad?

Por supuesto. Tal vez no puedes obsequiarle a una persona una muestra de tu oportunidad, pero puedes utilizar las mismas técnicas de encabezado para filtrar y encontrar prospectos que están en busca de exactamente lo que ofreces.

En lugar de darles una muestra, podrías darle a estos prospectos un audio, un libro, un enlace para un sitio web. Sin embargo, estos tipos de herramientas son comunicación de una sola vía. Solamente le hablan a las personas. Si eres nuevo, esta es tu única opción hasta que aprendas cómo hablar con prospectos de manera efectiva.

Si ya dominas algunas habilidades sobre cómo presentar tu oportunidad, con palabras probadas y demostradas, entonces es mucho, mucho mejor tener una conversación uno a uno con el prospecto. Esto es comunicación de dos vías. Ahora estarías hablando de una gigante mejoría en nuestros resultados.

Más ejemplos:

* "Sólo para maestros jubilados."

Los maestros son geniales. Ellos ya saben cómo entrenar personas. Y si están jubilados, tienen bastante tiempo. Además, tal vez les gustaría un ingreso adicional más allá de su pensión.

* "Para personas que no les gusta su empleo."

Este mensaje se dirige a aquellos prospectos que saben que quieren algo diferente en sus vidas. Puedes ofrecerles otra opción.

* "Si tu jubilación es menor de lo que te gustaría, sigue leyendo."

Sí, casi todos los jubilados calificarían, pero sólo las personas que quieren más ingreso te contactarían. De nuevo, esto es filtrar de manera efectiva, y sólo estarás atrayendo prospectos interesados.

* "Sólo para entrenadores profesionales."

Podrías recibir respuestas de entrenadores corporativos, entrenadores personales, o incluso entrenadores de ventas. Estás enfocándote en prospectos que ya poseen las habilidades más importantes para la duplicación: habilidades de entrenamiento.

* "Sólo tres posiciones de capacitación disponibles. ¿Listo para capacitarte en una nueva carrera, mejor pagada, de medio tiempo?"

Esto se dirige a personas atascadas en una carrera sin salida. Además, ofrece una oportunidad de aprender mientras mantienen su trabajo actual. A estos prospectos les agrada la seguridad que provee tu oferta.

#42. Patrocina una Carrera Pública.

Las Carreras Públicas siempre están en busca de patrocinadores. Organizar eventos como estos puede ser costoso. Puedes ser un patrocinador de un evento de corredores por tan poco como $50, y pagar hasta $50,000 por un evento gigante.

La mayoría del tiempo perderás dinero, incluso si sólo inviertes $50 en un evento pequeño. Pocas personas comprarán tu producto o se unirán a tu negocio debido a que vieron un logo en la parte trasera de una camiseta o pendón. Seguro, el logo o el pendón lucen geniales, pero no verás un buen retorno de tu inversión.

Muchos de estos eventos de corredores recolectan fondos para una causa local o caridad. Así que para ellos, cualquier cantidad de dinero de patrocinio es importante, no importa qué tan poco sea.

Aquí está cómo puedes apoyar.

La mayoría de las carreras tienen paquetes para los corredores, que contienen su camiseta y algunos artículos diversos. ¿Qué tal si ofrecieras colocar un volante sobre tu producto en sus paquetes? Podrías ofrecer tus ganancias a la causa que hayan elegido.

Si están buscando recolectar dinero, su costo es cero y no hay riesgo. Incluso podrías apoyar armando los paquetes antes del evento.

¿Quieres apalancar esto aún más?

¿Qué tal si ofrecieras tus ganancias para la causa o la caridad a cambio de un stand gratuito en el evento? Esa es otra opción sin costo para la causa. Podrías inclusive anunciar en tu stand que estás apoyando a recolectar fondos para la causa. Esto es ganar-ganar, y ahora los organizadores de la Carrera Pública tienen una razón para promocionar tu stand para ti.

Llevémoslo otro paso más allá.

Podrías convertirte en un héroe para la causa al encontrar más pequeños negocios de personas como tú, quienes estén deseosos de colocar sus folletos y muestras dentro de los paquetes para los corredores. Muchos negocios pequeños no querrían ser patrocinadores y comprar un stand costoso. Sin embargo, tomarían este acercamiento libre de riesgo para encontrar nuevos clientes para su negocio.

#43. Cómo construir una organización en un mercado foráneo.

Estaba en un avión con mi viejo amigo, Russ Noland. Le pregunté cómo había expandido su organización hacia Alemania. Me dijo:

–No conozco a nadie en Alemania, así que coloqué un anuncio local con el encabezado: "¿Hablas alemán?" Ahora tengo un prospecto local con contactos en Alemania.

A veces las soluciones son simples.

¿De qué otra manera podrías encontrar prospectos en mercados foráneos?

Digamos que vives en Chicago y tu compañía acaba de abrir Japón. ¿Cómo vas a construir una organización en Japón cuando no tienes un solo contacto o amistad dentro de ese país?

Aquí hay algunas maneras tradicionales que fracasan a menudo:

1. Compra algunas listas con nombres, direcciones, números telefónicos y correos electrónicos de buscadores potenciales de oportunidad y empresarios de redes en Japón. Contáctalos directamente. ¿Qué ocurre?

Usualmente nada. Estos prospectos fríos no te conocen, no saben sobre tu oportunidad, y no confían en un vendedor que hace llamadas en frío desde Chicago.

2. Compra un boleto de avión a Japón. Baja del avión y agresivamente acecha a desconocidos y oblígalos a escuchar tu guión de ventas (en lenguaje extranjero). Esto no funciona muy bien en Chicago, donde todos hablan inglés, así que ciertamente tendrá sus retos en el extranjero.

¿Entonces qué podemos hacer?

Necesitamos localizar prospectos que nos comprendan y confíen en nosotros. Necesitamos prospectos locales que tengan contactos en Japón. Así que, ¿dónde encontraremos a estos contactos? Prueba estos dos métodos para comenzar el proceso de pensamiento creativo.

1. Visita algunos de los restaurantes Japoneses en Chicago. Compra una pecera de vidrio y ofrece colocarla cerca de la caja registradora. Pídele al gerente si los clientes pueden dejar ahí su tarjeta de presentación para ganar una comida gratis. Una vez por semana, puedes seleccionar la tarjeta ganadora. Ahora tienes una lista de prospectos geniales para anunciar la apertura de tu compañía en Japón. Ciertamente algunos de estos entusiastas de la comida japonesa tendrán contactos en Japón. Además, es una manera genial de conseguir referidos.

2. O desde casa, revisa la lista de asociaciones que atienden intereses japoneses. ¿Hay algún pequeño diario japonés en el área? ¿Algunos de los clubes de artes marciales tendrán contactos en Japón? ¿Hay grupos de Facebook que se enfoquen en intereses japoneses?

¿Ves la diferencia que puede hacer un poco de imaginación?

Los métodos de la lista de prospectos y el vuelo a Japón cuestan dinero. Mucho dinero. También llevan un alto riesgo de fracaso.

Los métodos del restaurante y la asociación cuestan muy poco. Y tienes una oportunidad genuina de tener éxito encontrando buenos prospectos y referencias para tu negocio.

#44. Haz que tus productos sean entregados al trabajo.

Si regularmente haces pedidos de producto de tu compañía de redes de mercadeo, prueba con esto.

Siempre haz que tus productos sean entregados a tu oficina, no a tu casa. Cuando abras la caja, estarás rodeado de compañeros de trabajo curiosos. Espera levantar algunas órdenes. O por lo menos prepárate para responder algunas preguntas.

Si quisieras más interés, entonces ordena tus productos dos veces al mes. Comienza un pequeño murmullo o conversación en la oficina. La mayoría de tus compañeros están ahí aburridos de todas maneras.

Y si cuentas con un catálogo, asegúrate de que lo revises placenteramente en busca de productos interesantes para ordenar.

#45. ¡Lanza una fiesta promocional!

Si tienes un grupo local de distribuidores, aquí está una manera genial para crear lazos, socializar y motivar a tu grupo.

* Si acabas de calificar como director platino, lanza una fiesta de director platino.

* Si uno de tus distribuidores califica como gerente senior, lanza una fiesta de gerente senior.

* Si uno de tus distribuidores califica como ejecutivo diamante, lanza una fiesta de ejecutivo diamante.

Esta es una excusa genial para reunir a tu grupo y crear lazos, dar reconocimiento, y retar al grupo para alcanzar nuevas posiciones dentro de tu negocio.

Es más fácil y más divertido llevar a tus distribuidores a una fiesta que llevarlos a una junta.

Luego, dile a tus distribuidores que traigan amigos a la fiesta con ellos. Haz una gran fiesta con muchos "prospectos". Querrán saber más sobre la promoción, el cheque de bonificaciones, los viajes en puerta y... ¿quién sabe? Tal vez quieran unirse a tu negocio sólo por que disfrutaron relacionarse con otras personas positivas quienes son más divertidos que sus apáticos cuñados.

Pero no te detengas ahí…

¡Haz más fiestas!

Como organizador, encontrarás más fácil aproximarte y conversar con los demás asistentes a la fiesta.

¿Qué otro tipo de fiestas puedes promover? ¿Qué tal?…

Una fiesta de reunión escolar.

No tiene que ser una fiesta de reunión de los cinco o diez años. Puede ser una fiesta de reunión de los tres años. O, podrías sólo invitar a tus ex-compañeros a celebrar el séptimo aniversario de aquel gran partido colegial.

No limites tu invitación a sólo compañeros. ¿Qué hay de otros grupos? ¿Los profesores? ¿Los padres? ¿Qué tal el personal de la cafetería?

Puedes encontrar bastantes personas para invitar. Y asegúrate que todos llenen el libro de visitas con su nombre, información de contacto, ocupación actual, etc. Esto será de ayuda cuando envíes una carta de seguimiento a los asistentes.

Una fiesta del vecindario.

Organiza una fiesta de tu cuadra, una fiesta de limpieza de la calle, o sólo una fiesta de "vamos a conocernos" para conocer a los vecinos. Es poco costoso si les pides a todos que traigan algo para comer o beber.

Cuando menos, harás nuevas amistades en tu vecindario.

Una fiesta para tus compañeros de trabajo.

Estos prospectos tienen los mismos problemas y sueños que tú. Trabajan en el mismo ambiente. Y es fácil invitar a este grupo por que los ves todos los días.

No limites tu pensamiento a sólo compañeros de trabajo. Considera que traerán a sus esposas o amigos. De nuevo, manténlo simple. Mantén los costos bajos. Y prepárate para la conversación que comienza con:

–Oh, ¡odio mi trabajo! Estoy pensando en hacer algo diferente.

#46. Cómo conseguir más de 300 prospectos dispuestos a escucharte.

Advertencia: La siguiente estrategia sólo servirá si eres un jugador a largo plazo en redes de mercadeo.

Aquí está la estrategia. Cada día de este año habla con una persona. Simplemente dile:

–Acabo de darme cuenta de que se me pasó un año de mi vida y no cambió nada. No voy a perder otro año más. ¿Qué hay de ti?

Bueno, la mayoría de las personas dejaría que otro año transcurriera sin haber algún cambio.

Un año después, el mismo día, ve con esa persona y dile esto:

–Hey, ¿recuerdas el año pasado cuando dijimos que no dejaríamos pasar otro año de nuestra vida? Bueno, iba en serio. Hice algunos cambios grandes. Estoy contento de haberlo hecho. ¿Qué hay de ti?

Ahora tienes un prospecto que acaba de desperdiciar otro año de su vida. Ahora tiene una mente un poco más abierta y quiere hacer algo este año.

Y tienes 365 de estos prospectos listos con los que puedes conversar.

141

Todo lo que tienes que hacer es llevar una libreta con los nombres de con quién hablaste y cuándo. Luego, un año a partir de hoy, tendrás un gran año con bastantes prospectos motivados con los cuales hablar.

#47. Las mejores personas.

¿Quiénes son los mejores prospectos potenciales para tu negocio de redes de mercadeo? ¿Qué características le dan la ventaja a ciertos prospectos?

Nosotros, como profesionales en redes, nunca debemos de prejuzgar a un individuo. Primero revisaríamos su interés y su deseo. Sin embargo, podemos crecer más rápido si aislamos las características del éxito de los grandes líderes en la profesión. Hagamos un pequeño ejercicio que nos ayude a aislar esas características.

Imagina el líder perfecto para redes de mercadeo. ¿Qué profesión tendría? ¿Ingeniero? ¿Contador? ¿Vendedor? ¿Dueño de negocio? ¿Cómo clasificarías dichas profesiones? ¿Cuáles profesiones estarían encabezando tu lista?

Ahora, veamos el deber #1 de los líderes exitosos en redes de mercadeo: **Entrenamiento.**

Si buscamos duplicarnos, debemos convertirnos en entrenadores efectivos. Esto es la clave para construir una gran y exitosa organización. Los nuevos prospectos no conocen las habilidades de nuestra profesión sólo por que completaron su aplicación en línea.

Entonces, ¿quiénes son los mejores entrenadores?

¡Los maestros!

Los maestros practican sus habilidades de entrenamiento todo el tiempo. Son pacientes, saben cómo hablar con personas, están dispuestos a presentar la información una y otra vez hasta que sus estudiantes "la atrapen." Ya tienen las habilidades necesarias para entrenar a nuevos distribuidores para ser exitosos al aproximarse y hablar con prospectos.

¿Y qué quieren los nuevos distribuidores? Un entrenador paciente, capacitado y empático. ¿No es esa la descripción de un maestro?

Además, ¡ya se sabe que los maestros no son bien remunerados! Ellos pueden apreciar la oportunidad de ser compensados justamente por sus habilidades. Una oportunidad en redes de mercadeo puede darles el flujo de ingreso necesario para continuar en la profesión que eligieron, ¡o jubilarse antes de tiempo!

¿Quiénes son los mejores maestros? **¡Los maestros de música!**

Si alguna vez has escuchado una banda escolar tocando, ya sabrás que los maestros de música tienen una paciencia enorme. ¡Pero espera!

No sólo los maestros de música tienen la paciencia y habilidades de entrenamiento, también tienen habilidades geniales para la promoción. Recolectan dinero para instrumentos de la orquesta, uniformes y viajes. Estos maestros tienen la habilidad de ventas de un gran vendedor, combinada con el profesionalismo para entrenar. Esta es la combinación perfecta para un líder de redes de mercadeo genuino.

Si saltaras de un avión y cayeras en una nueva ciudad, tus primeras palabras deberían de ser:

–¡Lléveme con sus maestros de música!

Ahora, ¿qué hay de los vendedores?
¿Cómo se clasifican?

¿Cuál es el estereotipo de un vendedor promedio? Frecuentemente nos imaginamos un estafador o un vendedor ambulante, que presiona a los clientes a comprar algo que no necesitan. Luego, el vendedor rápidamente corre donde el siguiente prospecto mientras deja a su cliente original huérfano para siempre. Todo lo que le interesa a este vendedor es cómo cerrar la siguiente venta con alguien nuevo. ¿Seguimiento, servicio? No están en su vocabulario.

¿Esto suena como el perfil ideal de tu líder en redes?

¡Este tipo de vendedores tienen precisamente las habilidades contrarias para ser un líder efectivo y exitoso en redes de mercadeo! Los nuevos distribuidores necesitan seguimiento, paciencia y entrenamiento. No necesitan un líder ausente.

Cuando las personas te pregunten si debes de ser un vendedor para tener éxito como líder en redes de mercadeo, puedes responder:

–Solamente si quieres comenzar con desventaja.

Así que busca a tus líderes potenciales en individuos quienes tienen la paciencia de entrenar a sus grupos. Por supuesto, hay buenos y malos vendedores, buenos y malos maestros. No sólo busques en ciertas profesiones exclusivamente, sino que busca las características que hacen a un buen líder en redes de mercadeo.

#48. Las personas que conoces.

¿Los amigos y familiares son difíciles de patrocinar?

Nuestros familiares nos conocen bien. Recuerdan cada error que cometimos en el pasado y mantienen un diario bien organizado de nuestras desgracias. No nos escuchan, no nos respetan y no quieren unirse a nuestro negocio.

Los familiares no son buenos prospectos.

¿O sí?

¿Te das cuenta de que cada empresario en redes de mercadeo es familiar de alguien? ¡Es correcto! Deben de ser familiares de alguien. Ahora, puede que no sea tu pariente, pero están relacionados con alguien.

Lo mismo es válido para las amistades. Todo mundo es amigo de alguien. Así que los amigos también pueden ser geniales distribuidores para redes de mercadeo.

Tu distribuidor podría decir: –Los familiares no son buenos. No puedes patrocinar a tus familiares en redes de mercadeo.

¿Pero qué es lo que tu distribuidor está diciendo realmente?

"No puedo patrocinar a **mis** familiares. Me odian. No me respetan. Quieren primero ver que tenga éxito antes de afiliarse. No he aprendido las habilidades para sentirme cómodo presentando mi programa. Siento que tengo que venderles algo en lugar de permitir que elijan lo que es mejor para ellos. Tengo miedo al rechazo. Y bueno, todo el acervo genético que afecta a mis familiares es, un poco... defectuoso."

Luce como si tu nuevo distribuidor está rechazando tomar la responsabilidad de su negocio. Está buscando personas y objetos sobre los cuales culpar su fracaso. Puedes garantizar un fracaso seguro si el nuevo distribuidor no permite que nadie se entere sobre su negocio. No puedes mantenerlo en secreto total y esperar que tu negocio crezca.

No puedes culpar tu falta de éxito debido a los familiares.

No importa con quién esté relacionados. Lo que importa es si la oportunidad de negocio es algo que puede beneficiar a otros, no solamente a ti. Nuestra única obligación es dejar que se enteren que nuestra oportunidad está disponible. Pueden rechazar la oportunidad, incluso rechazar el escuchar una presentación, o hasta rechazar el saber de qué se trata la oportunidad.

De nuevo, nuestra única obligación es permitir que las personas se enteren que nuestra oportunidad existe. Si sienten la necesidad de revisarla, está genial. Entonces podrán decidir si las redes de mercadeo los pueden apoyar a lograr sus sueños. Tomarán la decisión basados en lo que necesitan, no en lo que quieren o lo que otro familiar quiere. Es una decisión personal.

Así que no te preocupes si son parientes o amigos. Usualmente es para nuestra ventaja. Por lo menos un familiar o un amigo es alguien con quien podemos conversar. Son un poco más fáciles de contactar que un total desconocido. Y usualmente, confían en nosotros lo suficiente como para revisar nuestro negocio. Es todo lo que pedimos.

Así que no vayas por ahí diciendo que no puedes patrocinar familiares ni amigos. No es tu trabajo reclutarlos. Tu trabajo es sólo informarlos si requieren más información.

"Pero no quiero hablar con mis familiares y amigos hasta que ya sea exitoso."

En uno de nuestros Cruceros MLM anuales, Orjan Saele de Noruega compartió este consejo:

–Tu mercado caliente de prospectos son los más propensos a unirse, ¿por qué llamar a los que tienen menos probabilidades de unirse?

Esta es una gran declaración para hacer que tus distribuidores contacten primero a su mercado caliente. Frecuentemente tus nuevos distribuidores querrán publicar anuncios en internet, comprar listas y contactar prospectos fríos antes de tener las habilidades para presentar la oportunidad apropiadamente.

Tus nuevos distribuidores tienen afinidad con su mercado caliente. Su mercado caliente será más indulgente y la mayoría de las veces por lo menos escuchará lo que tienen que ofrecer. Los prospectos fríos se protegen de los vendedores, y no quieren desperdiciar su tiempo con principiantes que no han practicado sus presentaciones todavía.

#49. Asegúrate de que tu tarjeta de presentación vende.

La mayoría de las tarjetas de presentación termina en el cesto de basura más cercano. Son aburridas. ¿Realmente piensas que tus prospectos potenciales tienen este tipo de conversación con sus parejas durante el desayuno?:

Prospecto: –Espero que hoy me entreguen una tarjeta de presentación con un lindo logotipo que no comprenda.

Esposa: –Yo espero ver una tarjeta de presentación con el nombre de una compañía que no me importa.

Prospecto: –¡Rayos! Si tengo suerte hoy, recibiré una con el nombre de una persona que no me importa.

Esposa: –Vaya, tal vez pueda recibir una que tenga un teléfono al cual nunca jamás llamaré.

Prospecto: –Quizá hoy pueda recibir una, con letras minúsculas, ¡que no pueda ni leer!

Esposa: –¿No sería genial que me dieran una con un correo electrónico indescifrable?

¿Quieres que más prospectos lean y conserven tu tarjeta de presentación o cupón?

Idea #1.

Si tienes tarjetas de presentación, y actualmente usas un cupón para hacer alguna oferta sobre productos u oportunidad, prueba con esto. Haz que tu cupón sea el reverso de tu tarjeta. Las personas mantendrán tu tarjeta debido a que es un cupón para una oferta especial o un atractivo descuento.

Haz una oferta poderosa para tu producto u oportunidad.

Por ejemplo, tu tarjeta podría decir:

* $5 de descuento en SúperVitaminas.

* Sólo para clientes nuevos.

* Entrada gratuita al seminario de negocio.

* Presente este boleto a la entrada.

* Reporte en audio gratis.

* Cómo ganar un cheque extra cada semana.

Las tarjetas de presentación son económicas, más baratas que imprimir cupones de papel de aspecto mezquino. Así que cuando tu próximo prospecto te pida tu tarjeta, entrégala con un cupón de una oferta que no pueda rechazar.

Idea #2.

Imprime el reverso de tu tarjeta con un mensaje de venta... al revés. O imprime todo el texto del cupón al revés. Luego enseña a tu prospecto a sujetar la tarjeta o cupón frente a un espejo para leer la oferta.

Este enfoque de curiosidad hace que leer tu oferta sea irresistible para el prospecto.

Idea #3.

Haz que el reverso de tu tarjeta sea un recurso que quieran conservar. Por supuesto, muchas tarjetas tienen un calendario. Aburrido. Un vendedor llenó el reverso de su tarjeta con números telefónicos de personas muy importantes. Tenía los números del presidente, el Papa, el jefe de policía, la estación de bomberos, el cosmetólogo local, y por supuesto, su propio número telefónico. Los prospectos conservaron su tarjeta como pieza de conversación.

Idea #4.

Crea una razón para que el prospecto quiera llamar. ¿Cómo? Al imprimir un beneficio genial al reverso de tu tarjeta. Por ejemplo:

* Muestra gratis de la barra quema-grasa más deliciosa del mundo.

* Lista gratis de las cinco mejores maneras de despedir a tu jefe.

* Lista rápida de las mejores playas para llevar a la familia.

* $50 de descuento al usar nuestro servicio, ¡además de ahorros mensuales!

Si ya invertiste una fortuna en tarjetas de presentación y no quieres comprar más, ve a la tienda local de suministros para oficina y compra etiquetas para el reverso de tu tarjeta.

Idea #5.

Nuestro amigo, Dayle, siempre entregaba sus tarjetas cada vez que iba a la tienda de abarrotes. Incluso cuando estaba trabajando de tiempo completo en su negocio de redes de mercadeo y podía ir cuando quisiera a la tienda, siempre tenía el objetivo de ir cuando había más gente.

Luego, siempre compraba en reversa. Usualmente el flujo de la tienda comienza con los compradores en el área de frutas y verduras, pero él siempre comienza en el otro extremo de la tienda y compra las frutas y verduras al final. Encontró una manera de "toparse" con más prospectos.

Mientras hacía sus compras, ligeramente "golpeaba" los carros de los demás clientes y decía: –¡Ups! Luce como un serio accidente. Si detectas algún daño, aquí está mi tarjeta.

La mayoría de las veces por lo menos recibía una sonrisa. Él hace que el mundo sea un mejor lugar y localiza prospectos también.

No guardes tus tarjetas de presentación para tus nietos.

Tus nietos quieren el dinero que ganaste cuando repartiste tus tarjetas de presentación, no las tarjetas de presentación. Así que saca esas tarjetas de su caja y entrégalas en las manos de prospectos. Tus tarjetas funcionan mejor cuando los prospectos las tienen en la mano.

#50. Cómo conseguir más prospectos locales.

Hace años, estaba sentado con Lisa Wilbur en nuestro crucero anual de MLM. Me compartió cómo ella hace bastante publicidad local, y hace que su nombre permanezca en la mente de las personas.

En cada elección, ella se postula como representante del Estado en su estado de New Hampshire.

Como la candidata desvalida, recibe mucha publicidad local, reportajes de primera plana, y habla sobre su compañía (a lo que se dedica) en cada entrevista. Se ha convertido en toda una celebridad local y todos saben sobre su compañía y productos.

A los periódicos y las estaciones de radio les fascina una buena historia. Los candidatos independientes sin financiamiento de campaña, que tratan de hacer molestar a la maquinaria política, terminan siendo historias interesantes.

Ella ha perdido las elecciones cinco veces consecutivas.

Así es, es una perdedora quíntuple, pero no se postula para el cargo para conseguir un empleo. Se postula para conseguir publicidad gratuita e imagen. Yo pienso que ella en secreto espera nunca estar cerca de ganar la elección ya que eso interfiere con su estilo de vida.

¿Y cuánto le cuesta a Lisa postularse para el cargo?

Hasta ese momento, sólo una cuota de registro de $2 en el Ayuntamiento.

Lisa hace otras varias campañas de prospección y publicidad fabulosas, pero postularse como candidata realmente atrapó mi atención.

#51. ¿Quién le vende a mis prospectos?

Aquí tienes otra oportunidad para pensar creativamente.

Primero, mentalmente imagina a tu prospecto ideal. ¿Dónde trabaja tu prospecto? ¿Qué tipo de actividades disfruta tu prospecto? ¿Dónde puedes encontrar lugares donde se reúnan grupos de tus prospectos?

Segundo, pregúntate: –¿Quién entra en contacto con mi prospecto de manera regular, diariamente?

Una vez que completes estos dos pasos, es muy fácil. Aquí hay algunos ejemplos de este ejercicio.

Encontrando prospectos sedientos.

Si vendes filtros de agua, hazte esta pregunta, "¿quién le vende a mis clientes potenciales de filtros de agua?" Luego, comienza a hacer tu lista de personas que ya tienen relaciones con tus clientes potenciales.

Tal vez te hagas amigo del conductor del camión de agua embotellada cuando hace sus entregas.

O, ¿por qué no hacer amistad con el vendedor de café cuando hace visitas a sus clientes de oficina? Si los empleados disfrutan de un buen café, también querrán agua de buen sabor.

¿Qué hay del personal que rellena la máquina expendedora de las oficinas? ¿Qué hay del personal de entrega de artículos de oficina?

Estas son sólo algunas buenas personas que entran en contacto con tus clientes potenciales de filtros de agua.

Si no queremos personalmente hacer llamadas de venta, podemos darle a estos vendedores un folleto, un cupón o un certificado que ofrezca agua filtrada gratuita a domicilio durante dos semanas. Esto precalifica y cierra la venta con nuestros prospectos.

Un buen encabezado para tu folleto podría ser:

Agua Filtrada: ¡Sólo 10 Centavos Por Litro!
¡Los Primeros 50 Litros Gratis!

Sólo hemos dado un vistazo al mercado de oficinas. ¿Qué hay del mercado residencial? Muchas personas querrán un filtro de agua en casa.

¿Pero quiénes son estos prospectos ansiosos y calificados?

Hmm. Si el ama de casa adquiere un sistema de filtro de aire, ¿no querría también agua limpia en casa? Encontremos al vendedor de filtros de aire local.

Si en casa ingieren vitaminas, el agua limpia sería una compra natural. Ahora estaremos en busca del vendedor de vitaminas.

¿Qué hay del fontanero? ¿O el personal de mantenimiento? Ellos fácilmente podrían hacer una recomendación de nuestros filtros de agua en una de sus llamadas de servicio con sus clientes.

Mientras más pensamos desde este punto de vista, más fácil se hace.

Tomemos un ejemplo extremo con una línea de productos reducida.

Una compañía de redes de mercadeo inventa un costoso aditivo para el aceite que duplica el kilometraje para los Volkswagens de 1976 solamente. El archivo de vehículos del Ayuntamiento no le entregará al empresario de redes un listado de todos los propietarios de Volkswagens del '76. ¿Qué hace el empresario en ese caso?

Primero, se pone en contacto con todos los talleres de reparación locales. El distribuidor presenta certificados válidos por un cambio de aceite en Volkswagens del '76. Una vez que el dueño del Volkswagen observa un mejor kilometraje, los siguientes pedidos del aditivo para aceite serán fáciles.

Segundo, el distribuidor entrega certificados en los talleres locales de servicio de Volkswagen.

Tercero, toda agencia de seguros local recibe una cena gratis por cada Volkswagen del '76 que asegura. El dueño del vehículo recibe una cena gratis y una presentación del aditivo de aceite.

Cuarto, el vendedor del club de autos local recibe boletos para el teatro por cada membresía que venda a dueños de Volkswagens del '76.

Quinto, la recepcionista del banco local que hace financiamientos para autos usados, recibe flores y boletos para el cine cada vez que refiere a un cliente que usa el cupón especial para un descuento en el aditivo.

Sexto, el dueño del autobaño recibe una pizza gratis por cada Volkswagen del '76 que localiza si consigue los datos del dueño.

Séptimo, los agentes de seminuevos y de autos nuevos (que aceptan cambios) son contactados también.

Oye, ¡esto cada vez es más fácil!

¡Incluso las personas obesas no se pueden esconder!

Charles y Kare Possick cuentan la historia de encontrar prospectos calificados para un seminario de pérdida de peso. Tenían un cliente en Los Angeles que quería dar conferencias sobre cómo perder peso.

Ellos eligieron una campaña de correspondencia directa como la manera más efectiva de llenar el salón para esta conferencia. Cuando Charles y Kare trataron de conseguir la lista de correo apropiada, nadie les compartió su lista de prospectos. Las compañías de pérdida de peso a nivel nacional serían su competencia directa en estos seminarios, así que todos estaban renuentes a compartir o rentar sus listas.

La competencia no se movería. Así que, ¿cómo es que Charles y Kare localizaron una lista de correspondencia apropiada? Aplicaron la técnica de marketing, "¿Quién le vende a mis clientes?"

Charles y Kare conjeturaron que las mujeres con sobrepeso aún compraban pantys. Y muchas de ellas las compraban por correo. Contactaron al agente de ventas y fueron capaces de rentar los nombres de todas la mujeres que habían adquirido por correo pantys extra-grandes en el área de Los Angeles.

Cada uno de los 30,000 nombres en esa lista recibió una oferta de un boleto gratis para los seminarios, atrayendo un total de 1,200 asistentes.

Sí, una sola campaña de correspondencia llenó los salones de los seminarios. Pero lo que es más importante, llenaron los salones con prospectos obesos y altamente calificados para las conferencias de su cliente. Si buscas hablar con un salón lleno de personas, ¿por qué no asegurarte de que están ansiosos y dispuestos a comprar tu producto o servicio?

**No tienes que acosar dentistas para llegar
a tus prospectos.**

Una compañía de redes de mercadeo introdujo un nuevo producto dental en Australia.

¿A quién contactaron los distribuidores? A cada dentista en el país.

Desafortunadamente, no hay muchos dentistas en Australia. Eso significa que cada dentista recibía cinco o seis interrupciones por día para contestar el teléfono y escuchar el mismo guión de venta de parte de un distribuidor emocionado.

Pronto, los dentistas se quejaron con la organización de comercio local. Eso es mala publicidad para la industria de redes de mercadeo.

Pero, ¿cómo los distribuidores inteligentes vendieron el nuevo producto dental?

Contactaron enfermeras escolares.

Las enfermeras escolares resultaron ser contactos geniales debido a que:

* Ven muchos dientes.

* Los padres confían en sus recomendaciones.

* No ganan muy bien y aprecian la oportunidad de ganar más dinero.

"¿Quién más entra en contacto con mis clientes potenciales?"

* Un distribuidor especializado en shampoo y acondicionador para el cabello ofrece un cupón de descuento en la compra de espejos de bolsillo.

* El distribuidor de la red de desarrollo personal observa a los que revisan los libros de actitud mental positiva en la biblioteca y librerías locales.

* El distribuidor de vitaminas hace amistad con el vendedor de equipo deportivo, que vende productos a las personas que se preocupan por su salud.

Una de mis campañas favoritas.

Mientras comía en un restaurante mexicano con algunos distribuidores después de un seminario, le pregunté a la mujer sentada frente a mí, qué era lo que vendía. Ella respondió: −Vendo productos de dieta.

Para continuar la conversación, le pregunté: −¿Y cómo te va?

Me dijo: −Estoy tan exhausta. Todos los días estoy entregando cajas y cajas de productos dietéticos a clientes por toda la ciudad. Es muy agotador.

Ahora estoy pensando: −Esto es bastante increíble. Debe de tener un secreto. Tal vez los productos de dieta son una ganga o algo.

Así que le pregunté: −Bueno, ¿y cuánto cuestan esos productos?

Ella dijo: −Bueno, el paquete más barato está en $350 y es un suministro de un mes, pero normalmente vendo los paquetes de $600.

Ahora estoy pensando: −¿$600 el paquete? ¡Podría comprar 300 canastas de estas tostadas por ese dinero! Eso es mucho dinero para un mes de productos dietéticos. ¿Cómo puede vender tantos paquetes tan fácilmente?− Pero mantuve la calma y la compostura.

Luego le pregunté: −Bueno, dime, ¿dónde encuentras a estos prospectos para esos costosos paquetes de $600? Tal vez te pueda dar algún consejo o dos.

Su respuesta resume el por qué es importante saber "¿Quién le vende a mis prospectos?"

Ella dijo: –Asisto a las Expos de novias y hablo con las futuras novias. Cuando les pregunto que si les gustaría perder un poco de peso antes de la boda, instantáneamente dicen 'Sí'. Este es su gran día. No importa que tan anoréxica luzca la futura novia, todas quieren perder un poco de peso antes del día especial.

La boda promedio cuesta entre $20,000 y $50,000 aquí. El paquete de $600 no representa un gasto, apenas es una sugerencia. Así que la futura novia hace un pedido inmediatamente, sin preguntas.

Pero luego, la madre de la novia decide que quiere perder peso también. No quiere lucir gorda en las fotos de la boda por el resto de la eternidad. Ella también me hace un pedido.

Y también lo hace la futura suegra. No quiere ser la obesa de la fiesta.

Y después, las damas de honor. De por sí, lucirán horribles en esos vestidos de colores espantosos que tienen que usar para que la novia luzca radiante. No quieren verse gordas tampoco. Ellas hacen un pedido también.

Así que por la mañana, cargo mi coche con tantos paquetes como es posible y paso todo el día haciendo entregas y conversando con mis nuevas y entusiastas clientas.

No hace falta decirlo, no le di ningún consejo.

#52. ¡Extra! ¡Sal a conocer nuevas personas!

No tienes suficientes prospectos de calidad = **¡Estrés!**

Escenario #1: Cuando sólo tenemos pocos prospectos, los presionamos, los acorralamos, los forzamos a que se unan a nuestra oportunidad. Los prospectos sienten esta presión e instintivamente se alejan de nosotros. Esto conduce a menos prospectos y el círculo vicioso solamente empeora.

Escenario #2: Cuando tenemos una abundancia de prospectos, nos sentimos felices. No estamos desesperadamente en espera de una decisión de un prospecto.

No estamos casados con el resultado de una sola presentación. En vez de eso, nos relajamos y nos sentimos con más confianza, debido a que tenemos muchos más prospectos esperándonos. Nosotros simplemente compartimos nuestra oportunidad y tomamos a los primeros prospectos que dan el paso. Ahora estamos trabajando con voluntarios y sentimos que tenemos más prospectos en la línea de espera.

¿Cuál escenario describe tu carrera?

¿Estás presionado y sufriendo por falta de prospectos? O, estás recibiendo aplicaciones de los mejores voluntarios de tu larga lista de prospectos de calidad?

La solución es muy simple.

Incrementa tu marketing para que tengas una abundancia de prospectos.

¿Por qué no incrementar tus contactos personales ahora mismo?

Aquí tienes algunas otras ideas.

1. Ofrece ser entrevistado en un programa de radio local. (Sí, también puedes ser entrevistado en un programa de radio por internet.) O, simplemente crea un audio de información genial que las personas quieran, y hazlo disponible a manera de 'podcast'.

2. Presta 10 audios en físico, videos o libros sobre tu oportunidad de negocio. Incluso si no eres muy bueno en el seguimiento, la exposición adicional alcanzará a alguien que esté listo.

3. Regala 10 audios, videos o libros que hablen de los beneficios de tu producto. Si emocionas a un cliente nuevo, tu cliente podría conocer a otros que se sientan igual.

4. Únete a un grupo de Meetup en tu área. Sé creativo en tus elecciones. Por ejemplo, si quieres conocer personas cercanas a la edad de retiro, que quieran complementar sus pensiones, podrían unirte a un grupo social de Meetup de

dueños de casas rodantes. La mayoría de las ciudades tienen varios grupos diferentes que se reúnen mensualmente con variedad de intereses.

5. Asiste a seminarios gratuitos que hablen acerca de inversiones o carreras. Las personas que conozcas en estos seminarios todos quieren algo más de la vida. Por lo menos, harás nuevos amigos con intereses en común.

6. Toma una clase sobre algo que te apasione. Podría ser sobre escritura, paracaidismo, un idioma. Conocerás más personas con intereses similares y, ¿quién sabe? Tal vez quieran tener más tiempo para perseguir sus pasiones.

7. Ofrécete como voluntario. El trabajo de caridad es bueno. Hace que el mundo sea un lugar mejor. No sólo te ofrezcas para buscar prospectos. Únete para ayudar. De manera natural conocerás personas nuevas, y tu red personal de amistades crecerá.

¿Cuándo deberías de prospectar en busca de nuevos distribuidores?

Prospectar es como hacer dieta.

¿Cuándo sería buen momento para hacer una dieta?

¿Un día al año?

No, eso no tendría éxito. Perderíamos peso el día que hacemos dieta, pero los demás 364 días estaríamos cancelando nuestro día de progreso.

¿Un día al mes?

De nuevo, nuestra dieta no es lo suficientemente consistente como para tener éxito.

¿Un día a la semana?

Mejor. Pero, ¿de verdad crees que podríamos perder peso haciendo dieta sólo un día a la semana?

¿Diariamente?

Esa es la clave del éxito al hacer una dieta. Un pequeño esfuerzo diariamente creará los resultados que buscamos.

Y así es como los líderes prospectan.

Hacen un poco todos los días. Los distribuidores piensan que los líderes tienen un tipo de truco secreto que utilizan para ser exitosos. La verdad es que los líderes tienden a ser más consistentes en sus esfuerzos de patrocinio.

¿Cómo podemos enseñar a nuestros distribuidores a tener resultados consistentes también?

¿Qué tal pedirles que elijan una de las más de 50 soluciones dentro de este libro?

Al expandir activamente su red de contactos, pronto tendrán todos los prospectos que necesitan para tener un negocio exitoso en redes de mercadeo. No más sufrimiento debido al estrés de localizar al próximo buen prospecto. Con suficientes prospectos, su postura cambia de desesperación a confianza.

Un dicho Zen, ¡pero no es verdad!

"Sentado en silencio, sin hacer nada, llega la primavera, y la hierba crece por sí sola."

Tal vez esto sirva para el clima, pero no para redes de mercadeo. Pienso que la filosofía Zen es practicada por varios empresarios de redes. Ellos se emocionan en la junta, luego van a casa y mantienen en secreto su oportunidad.

Usa estas más de 50 maneras para expandir tu negocio ahora mismo.

TALLERES DE BIG AL

Viajo por el mundo más de 240 días al año impartiendo talleres sobre cómo prospectar, patrocinar y cerrar.

Envíame un correo electrónico si quisieras un taller "en vivo" en tu área.

http://www.BigAlSeminars.com

Otros libros geniales de Big Al están disponibles en:

http://BigAlBooks.com

SOBRE KEITH SCHREITER

Keith Schreiter tiene más de 20 años de experiencia en redes de mercadeo y multinivel. Les muestra a los empresarios de redes de mercadeo cómo usar sistemas simples para construir un negocio estable y en expansión.

¿Necesitas más prospectos? ¿Necesitas que tus prospectos se comprometan en lugar de estancarse? ¿Quieres saber cómo enganchar y mantener activo a tu grupo? Si éste es el tipo de habilidades que te gustaría dominar, te encantará su estilo de cómo hacerlo.

Keith imparte conferencias y entrenamientos en Estados Unidos, Canadá y Europa.

SOBRE TOM "BIG AL" SCHREITER

Tom "Big Al" Schreiter tiene más de 40 años de experiencia en redes de mercadeo y multinivel. Es el autor de la serie original de libros de entrenamiento "Big Al" a finales de la década de los 70s, continúa dando conferencias en más de 80 países sobre cómo usar las palabras exactas y frases para lograr que los prospectos abran su mente y digan "SI."

Su pasión es la comercialización de ideas, campañas de comercialización y cómo hablar a la mente subconsciente con métodos prácticos y simplificados. Siempre está en busca de casos de estudio de campañas de comercialización exitosas para sacar valiosas y útiles lecciones.

Como autor de numerosos audios de entrenamiento, Tom es un orador favorito en convenciones de varias compañías y eventos regionales.

Traducción por Alejandro González López